Geschichte Japans

Von den Anfängen bis zur Gegenwart

von Isabelle Rausch

Inhaltsverzeichnis

I. Prähistorische Zeit

1. Altsteinzeit

Ob es in Japan eine Altsteinzeit gab, ist umstritten. Ausgehend von Funden, die man im 20. Jahrhundert ausgrub, nehmen viele Historiker es jedoch an. Die Zeit wird auf ca. 35000 bis ca. 10000 v. Chr. geschätzt. Kriterium ist der Umgang mit Gestein, den man erschließen kann. Die damaligen Menschen nutzten von Steinen abgesplitterte Teile als Werkzeug, bearbeiteten aber auch ganze Steine. Es handelte sich mit größter Wahrscheinlichkeit um Jäger und Sammler, die mit Feuer umgehen konnten und in Höhlen oder primitiven Erdhäusern lebten.

Interessant ist, dass in Japan keine Gegenstände aus dieser Zeit gefunden wurden, die durch Bearbeitung von Knochen entstanden. In vielen anderen Ländern konnte man solche Funde machen. Auch gibt es keinen Nachweis von Keramik. Deshalb spricht man von der **„Vorkeramischen Zeit"** oder **„Präkeramischer Kultur"** für diese Epoche. Man nimmt weiterhin an, dass ein klimatischer Wandel zum Rückgang mehrerer Tierarten führte. Das würde erklären, warum Pfeil und Bogen notwendig wurden, um auf diese Art Tiere erlegen zu können.

2. Jungsteinzeit (Jomon-Zeit)

Ureinwohner

Lange gingen Historiker davon aus, dass es eine direkte Verbindungslinie zwischen den indigenen Völkern Japans, den sog. **Ainu**, zur Kultur von Jomon gibt. Doch seit über hundert Jahren bestehen Zweifel daran, dass diese Ureinwohner, die sich im nördlichen Japan ausbreiteten, wirklich Nachfahren der Jungsteinzeit-Menschen waren, zumal sich keine kulturellen Bestandteile aus der Jomon-Zeit bei ihnen finden. Die Vorfahren der heutigen Japaner scheinen eher aus dem asiatischen Kontinent auf die Insel zugewandert zu sein. Außerdem nimmt man Migrationsbewegungen von den südwestlichen Inseln des Pazifik nach Japan an. Zudem können solche Bewegungen auch von der Seite Sibiriens aus entstanden sein. Höchstwahrscheinlich waren die Menschen der Jomon-Zeit eine Art **Ur-Japaner**, doch mit einem eigenen Stammbaum, sodass sie eine spezifische ethnische Gruppe bildeten. Dass jedoch irgendeine Art von Verbindung zur heutigen japanischen Bevölkerung besteht, kann auch nicht ausgeschlossen werden.

Häuser

Die Menschen lebten in **Erdhäusern**. Typische Merkmale sind, dass sie tiefer als die Erdoberfläche liegen und ein Teil in der Erde eingegraben ist. Daher spendet ein Erdhaus im Sommer Schatten und im Winter Wärme. Sehr tief gelegene Häuser verfügten über eine Art Leiter. Teilweise wurden Raumteilungen mit Hilfe von Buschwerk geschaffen.

Die Erdhäuser wurden einzeln gebaut und nicht Wand an Wand, jedoch in Gruppen. Zwischen fünfzig und hundert Unterkünfte standen oft an einem Ort. Sie waren im Allgemeinen im Halbkreis angelegt, so dass es freien Raum in der Mitte gab, wie eine Art Dorfplatz. Einige hatten flache Dächer, andere rundliche. Bei manchen trat man nur den Boden fest, bei anderen war der Grund mit einer Schicht aus Lehm oder Steinen ausgelegt. Alle hatten ein Dach, das aus Stroh oder Ästen gefertigt war. Da es eine zentrale Feuerstelle im Haus gab, sorgte eine Öffnung für den Rauchabzug. Ein Erdhaus hielt einige Jahr lang, dann musste man ein neues bauen. Alte verwendete man teilweise als Friedhof. Ansonsten vergrub man die Toten in der Nähe der Ansiedlung.

Werkzeuge und Ernährung

Die Bewohner stellten **einfache Werkzeuge** her, vor allem Äxte und Messer sowie Pfeil und Bogen. Für die Jagd legten sie zudem Schlingen. Für die Fischerei entwickelten sie eine Art Harpune, und sie flochten Weidenkörbe für ihre Utensilien.

Die Menschen jagten Wild, fingen Fische und sammelten essbare Pflanzen und Wurzeln, um sich zu ernähren. Vereinzelt säten und ernteten sie auch, doch das war nicht die Haupt-Nahrungsquelle. Hirse gehörte zum Anbau, und zwar die sehr nahrhafte und hochwertige Rispenhirse, weiterhin Buchweizen, Kürbisse, Bohnen und einige Getreidesorten, die gut gediehen. Da es schon einfache Werkzeuge gab, konnte man die Pflanzen mit ihrer Hilfe ernten. Man stellte auch schon eine Art Brot her. Gegen Ende der Jomon-Zeit entwickelte sich der Ackerbau stärker, neben Hirse und Getreidearten wurde auch Hanf angebaut. Jetzt jagte und sammelte man nicht mehr nur, was man in der Gegenwart brauchte, um satt zu werden. Man begann langfristig zu denken und z. B. Pflanzen zu kultivieren. Wahrscheinlich hing das damit zusammen, dass man sesshafter wurde und weniger nomadenhaft umherzog.

Sozialstruktur und Kultur

Welche **soziale Struktur** vorherrschte, kann man nur vermuten. Wahrscheinlich lebte in einem Haus jeweils eine Familie. Für die gesamte Ansiedlung gab es ein Oberhaupt. Die Anlage der Häuser legt nahe, dass Kommunikation zwischen allen Bewohnern des Ortes stattfand.

Es gab **Rituale**. Männlichen Jugendlichen wurden Zähne geschliffen oder sogar ausgeschlagen, um sie in einer Art Initialisierung ins Reich der Erwachsenen einzuführen. Dieses Ritual hielt sich bis einige Jahrhunderte n. Chr.

Die Menschen trugen **Schmuck**, den sie aus Knochen oder Hörnern vom erlegten Wild fertigten. Halsketten waren ebenso vertreten wie Armbänder. Außerdem gab es Ohrringe und Haarschmuck. Manche Teile waren auch aus Muscheln und Lehm hergestellt. Kleidung bestand hauptsächlich aus Baumrinden, zusammengenäht mit Knochennadeln. Aus der späten Jomon-Zeit zeigen neuere Funde allerdings auch an, dass es vereinzelt hochwertige **Kleidung** gab, die unter Nutzung von Seidenraupen entstand.

Grabbeigaben brachten kleine weibliche Figuren, geformt aus Lehm, zum Vorschein. Wahrscheinlich weist dies auf einen Fruchtbarkeitskult hin. Manche Tote begrub man mit Steinen direkt auf dem Körper. In der fortgeschrittenen Jomon-Zeit gab man Masken mit riesigen Augen in die Gräber, zusammen mit menschenähnlichen Gestalten. Gegen Ende dieser Epoche legte man mehrere Meter hohe und sehr breite Erd- und Steinwälle um die Begräbnisstätten an, z. B. in **Chitose auf der Insel Hokkaido**. Oft überzog man die Wälle noch mit Ocker.

Die Jomon-Zeit hat vor allem Bedeutung, weil es **Keramik-Funde** gibt. Nach diesen wurde sie sogar benannt, denn auf Deutsch heißt sie **„Zeit der Schnurmuster"**. Man stellte Gefäße her, indem man Ton brannte, in dessen Oberfläche man Muster eingestanzt hatte. Das tat man mit Schnüren, doch auch mit den bloßen Fingernägeln. Das so entstandene Design weist **eine breite Spanne künstlerischer Gestaltung** auf, die im Laufe der Zeit immer ausgefeilter wurde. Besonders beliebt waren Spiralen. Die Brenntemperatur lag noch tief. Die Gefäße waren meist konisch, um sie in Erde festzusetzen. In ihnen konnten die Nahrungsmittel gegart werden.

Zeitspannen - Einteilung

Die Jomon-Zeit wird unterschiedlich festgelegt. Manchmal wird sie schon ab 14500 v. Chr. beginnend angenommen, meistens jedoch ab ca. 10000 v. Chr. Das Ende wird vorwiegend ca. 300 n. Chr. angenommen, vereinzelt jedoch auch bis 500 n. Chr. Es handelt sich um die japanische Jungsteinzeit. Man unterteilt die Jomon-Zeit in mehrere Zeitspannen, wobei es wiederum verschiedene zeitliche Zuordnungen gibt.

Ca. 14500 – 8000 v. Chr.

Es gibt wenig Keramikarbeiten. Aus dieser Zeit existieren nur vereinzelt Funde von Scherben, im Vergleich zu anderen Gegenden. Wahrscheinlich waren die Menschen größtenteils als Nomaden unterwegs.

Ca. 8000 – 5000 v. Chr.

Der Meeresspiegel stieg an und das Klima wurde milder. Das Angebot an tierischen und pflanzlichen Nahrungsquellen, auch aus dem Meer, wächst für die Menschen. In dieser Zeit werden die Gefäße größer und die Muster einfallsreicher.

Ca. 5000 – 2500 v. Chr.

Jetzt startet der intensive Anbau von Reis. Die keramischen Gefäße haben Hochkonjunktur, viele entstehen in **Kyushu auf Hokkaido**. Die Formen und Muster werden vielfältiger. Nun stellt man auch viele flache Gefäße her. Man vermutet aufgrund von Funden eine lebhafte Handelsbeziehung mit der koreanischen Halbinsel. Das ist insofern interessant, als Japan in der Jomon-Zeit vom übrigen Asien abgeschottet war.

Ca. 2500 – 1500 v. Chr.

Die Bevölkerungszahl steigt, die Menschen geben das Nomadentum mehr und mehr auf. Der Bedarf an Tongefäßen wächst, sodass sich Formen und Designs immer weiter verfeinern. Es existiert eine erstaunliche Vielfalt an Töpfen, Krügen und Schalen. Einiges davon verwendet man nicht nur im Haushalt, sondern auch bei Zeremonien, und es gibt schon erste Gegenstände, die zur Dekoration dienen. Die typische **„Jomon-Keramik"** entsteht in dieser Zeit.

Nun treten auch die einmaligen, speziellen **Dogu-Figuren** aus Terrakotta auf, die typisch für die Jomon-Zeit sind und auch nur in dieser Epoche angefertigt wurden. Welchen Sinn sie genau hatten, weiß man nicht. Doch mit größter Wahrscheinlichkeit handelt es sich um Darstellungen im Zusammenhang mit Ritualen zur Fruchtbarkeit und einer entsprechenden Göttin. Überwiegend sind Frauen mit übergroßen Merkmalen des biologischen Geschlechts Gegenstand der Tonkunst. Weit weniger vertreten sind männliche Figuren. Außerdem sind Tiere vertreten.

Ca. 1500 – 1000 v. Chr.

Wegen des abkühlenden Klimas entsteht eine Bewegung zu den Küsten hin. Dadurch entwickelt sich zunächst die Fischerei, danach aber auch der Ackerbau.

Planvolles Säen und Ernten nimmt großen Raum ein, Felder werden systematisch bestellt.

Die Tongefäße werden noch filigraner und einige davon immer öfter zeremoniell verwendet. Die Produktion flacher Schalen nimmt zu. Nach wie vor nimmt man gelben und roten Ocker zur Herstellung. Die Anzahl der Dogus steigt. Manche Muster sind weiterhin mit Schnüren eingepresst und haben einfache Linien, die an Flammen und Schlangen erinnern, andere zeigen verschlungene Ranken. Mehrere stellen Figuren mit übergroßen froschartigen Augen dar.

Ca. 1000 – 300 v. Chr.

Wieder spielt das Klima eine große Rolle. Die Temperaturen sinken erneut und mit ihnen die Bevölkerungszahlen. Die Keramikmuster ändern sich unter dem Einfluss der Kunst vonseiten der koreanischen Halbinsel.

Der Jomon-Stil besteht weiterhin, vor allem auf der Insel Hokkaido, doch andere Stilrichtungen kommen hinzu. Auch die Gesellschaft verändert sich. Die Yayoi-Zeit deutet sich schon an.

II. Altertum

1. Yayoi-Zeit (ca. 300 v. Chr. bis 300 n. Chr.)

Einflüsse

In die Yayoi-Zeit fällt die Eroberung der koreanischen Halbinsel, mit der Japan Kontakt hat, durch die Chinesen. Dadurch entsteht eine **starke Verbindung der japanischen mit der chinesischen Kultur**. Die Chinesen führen medizinische und astronomische Kenntnisse ein und bringen die Grundlagen für einen Kalender mit. Auch ihre Bildschrift findet Eingang in die japanische Gesellschaft, die bis dahin keine Schriftsprache kannte.

In der Yayoi-Zeit existierte die Jomon-Kultur noch fort, vor allem im Süden. Die Bevölkerung zeigt Ähnlichkeiten mit Süd-Ost-Asiaten inklusiv Südchina. Die überwiegende Yayoi-Bevölkerung des Nordens ähnelt den Menschen in Nord-Ost-Asien inklusiv Nordchina und Korea. Falls es eine ethnische Verbindung zur heutigen Bevölkerung gibt, dann kommt sie aus dem Norden.

Lebensweise

Zunächst besteht die Gesellschaft aus **Landwirten**, die immer mehr Pflanzen anbauen, weil sie langsam sesshaft werden. Die Hauptnahrungsquelle ist jetzt **Reis**, den die Chinesen eingeführt haben. Gleichzeitig nutzt man weiterhin Hirse, Kürbisse, Bohnen, Weizen und Gerste. Man jagt Rot- und Schwarzwild sowie Bären und betreibt Fischfang. Schnecken und Muscheln isst man und nutzt ihre Schalen für weitere Zwecke wie Schmuck. Aus Kochstellen-Funden geht hervor, dass die Lebensmittel gekocht und gebraten wurden und dass man mit den Fingern aß. Man schuf Lagerhallen zur Vorratshaltung und konstruierte ein funktionsfähiges Gestell, das schädliche Nager abhielt. Es existierte keine Viehhaltung von Pferden, Kühen und Schafen, doch die **Domestizierung von Hühnern und Schweinen** nimmt ihren Anfang.

Die Menschen lebten in Behausungen, die mehrere Räume aufwiesen. Meistens gab es einen Raum nur zum Kochen. Da man sich im fließenden Wasser der freien Natur wusch, gab es kein Bad. Exkremente entsorgte man in Gruben, die man außerhalb der Behausung aushob.

Das vorherrschende Getränk war Quellwasser. Oft umgab man die Quellen in der Nähe mit Wällen. In der späteren Yayoi-Zeit entstanden dann Brunnen. Hochprozentige Getränke stellte man her, doch man trank sie nur bei Zeremonien. Solche Anlässe, bei dem man tanzte und feierte, waren das Aussäen und das Ernten. Dabei huldigte man den Naturgöttern. Die Rituale wurden von **Schamanen** durchgeführt, darunter gab es einige weibliche. Manche Frauen dienten neben den Männern auch als Medium, um Kontakt zur Natur und den Geistern der Ahnen aufzunehmen.

Kleidung entstand nun durch **Weben und Spinnen**, wobei die chinesische Technik des Spinnens die Entwicklung voranbrachte. Es gab Stoffe aus Baumwolle, Hanf und Ramie. Anfangs schlüpfte man durch ein großes Loch in ein Stück Tuch hinein und nähte es eng am Körper fest, erst später gab es **mehrere Kleidungsstücke für eine Person**. Die Frauen nutzten Spangen, um ihre Haare festzustecken. Die Männer bemalten und tätowierten ihren Körper, auch das Gesicht.

Die Menschen der Yayoi-Zeit wurden ca. 40 Jahre alt, die Kindersterblichkeit war hoch, wie man Grabfunden entnehmen kann. Doch insgesamt herrschte keine Armut. Die Gesellschaft verfügte über hinreichende Ressourcen zum Leben sowie zum Herstellen von kulturellen Gegenständen.

Keramikherstellung

Die **Kunst der Keramikherstellung** entwickelte sich immer weiter, die Gefäße gewannen weiterhin an Vielfalt und Kreativität. Der verwendete Ton ist nun intensiver rot und auch härter, und es gibt die ersten Töpferscheiben. Es entsteht eine neue Keramikart, **Yayoi** genannt, aus der sich der Name der Zeit ableitet. Die Keramikgefäße der Yayoi-Zeit sind im Allgemeinen hochwertiger und funktionaler gearbeitet als in der Jomon-Zeit.

Die Gefäße wurden vor allem im Norden und Osten hergestellt, avancierten zum begehrten Gegenstand und verbreiteten sich im ganzen Land. Zudem produzierte man die einzigartige **„Dokatu"**, eine Bronzeglocke dieser Zeit, die in späteren Zeitabschnitten nicht wieder auftaucht. Sie war reichlich verziert, vor allem mit Abbildungen von Spinnen und Libellen. Wozu sie diente, ist nicht erforscht. Man vermutet rituelle Zwecke. Auf manchen Gebäuden platzierte man eine Vogelfigur, die höchstwahrscheinlich eine Verbindung zur spirituellen Welt im Allgemeinen oder einer besonderen Gottheit darstellte.

In den Anfängen stellte eine Familie die Gefäße selbst her, die sie benötigte, später übernahmen das Fachleute. Ein Hausstand hatte normalerweise Kochtöpfe, Gefäße für das Lagern von Lebensmitteln und Schalen für die Mahlzeiten. Darüber hinaus gab es rituelle und dekorative Gegenstände. Einige benutzte man als Urnen, da die Megalithgräber sich zu dieser Zeit nicht durchsetzten (Megalithen sind unbehauene riesige Steine, die man u. a. zum Bau einer Grabstätte nahm), sich aber in der folgenden Kofun-Zeit umso größer präsentieren. Außerdem werden jetzt Glas und Spiegel produziert. Die **Spiegel** sind reich dekoriert, vorwiegend mit Jagd- und Kampfszenen. Der Austausch von Spiegeln hat große soziale Bedeutung, vor allem unter Verwandten festigt man damit die emotionale Bindung. Auch die **Blutsbrüderschaft**, die zu dieser Zeit hoch im Kurs steht, wird durch solche gegenseitigen Geschenke verstärkt.

Wirtschaftliche und gesellschaftliche Weiterentwicklung

Die Landwirtschaft und der Abbau von Erzen, aus denen Metalle hergestellt werden, entwickelten sich. Es gab Werkzeuge, die Säen und Ernten erleichterten, und Messer. Auch Schwerter existierten, hergestellt aus Eisen, teilweise mit Bronze. Die Märkte innerhalb der Gesellschaft wie auch mit angrenzenden Gebieten auf dem Festland wuchsen. Für den Handel mit China nutzte man **Dolmetscher**, denn durch die Vermischung der Kulturen gab es mittlerweile viele Menschen, die beide Sprachen beherrschten. Da Münzen aus dieser Zeit gefunden wurden, existierte offensichtlich nicht nur Tauschhandel.

Die Rohstoffe für Metalle wie Eisen und Bronze wurden im Laufe der Zeit auf der japanischen Halbinsel knapper. Deshalb musste ein größerer Teil vom Festland bezogen werden. Es kristallisierte sich eine Personengruppe heraus, der es möglich war, über die Rohstoffe zu verfügen. So entstand eine **Oberschicht** mit größeren Reichtümern und einem höheren sozialen Ansehen. Sie sicherte sich im Laufe der Zeit auch den Zugriff auf die wichtigste Lebensmittelressource, den **Anbau von Nassreis.**

Die Gesellschaft bestand nun aus **mehreren Schichten**. Es gab neben der Oberschicht und der Bauernschaft auch Zwischenschichten. Am niedrigsten waren die Sklaven gestellt. Wer einer höhergestellten Person begegnete, hatte sie demütig zu grüßen und ihr Platz zu machen. Je höher der Status eines Mannes war, desto mehr Gattinnen durfte er haben. Bis zu fünf Ehefrauen waren bei den Oberhäuptern keine Seltenheit, viele Männer hatten zwei Frauen.

Die **soziale Stellung** demonstrierte man auch mit der Kleidung. Hochgestellte Personen zeigten sich in feiner Seide und hochwertigem Leinen, das man mittlerweile produzieren konnte. Ihre Häuser verfügten über viele Zimmer, darunter sogar einige nur zum Anrichten von Speisen, und wertvolle Spiegel. Reiche Leute erhielten die meisten und teuersten Grabbeigaben und wurden in den geräumigsten Gräbern bestattet.

Im Laufe der Zeit hatte sich die anfangs ausschließliche Bauerngesellschaft entwickelt und ausdifferenziert. Ursprünglich waren die Yayoi-Menschen Stammesangehörige mit mehreren großen Familien, von denen einige sich zu Clans zusammenschlossen. Dann ging die Bevölkerungszahl nach oben, es entstanden immer mehr Ortschaften. Jede hatte eine Art Vorstand oder Häuptling. Mehrere von ihnen schlossen sich später zusammen und wählten einen Anführer aus den Reihen der Häuptlinge. Diese Gemeinschaften wurden **Kuni** genannt.

Yamatai

Es gab mehrere Kuni, und es kam zu kriegerischen Auseinandersetzungen im Kampf um Nahrungsquellen und Rechte über gute Gebiete mit viel Wasser. Die größte Region war **Yamatai**. Bis heute ist unklar, wo genau dieses Gebiet lag und ob es mit dem japanischen Kernland **Yamato** (eine historische Provinz Japans auf der größten Insel Honshu) tatsächlich identisch ist, wie oft angenommen wird. In Yamatai etabliert sich eine große Familie zur Herrschaftsmacht, der **Yamato-Clan**.

Trotz der patriarchalischen Gesellschaftsstruktur führte die Herrscherin **Himiko (ca. 170 bis 248 n. Chr.)** Yamatai jahrelang an, wahrscheinlich als Nachfolgerin ihres verstorbenen Ehemanns. Sie hatte einen riesigen Hofstaat und unterhielt zahlreiche Beschützer. Hunderte von männlichen und weiblichen Bediensteten unterstanden ihr, und bei ihrem Tod mussten Dutzende von Sklaven ihr ins Grab folgen. Sie verfolgte eine konsequente Friedenspolitik zwischen den Kuni und trieb den Handel voran.

2. Kofun-Zeit (ca. 300 – 638)

Stand der Technik und Landwirtschaft

In der Kofun-Zeit entwickelt sich die Technik weiter, die Gegenstände nehmen an Vielfalt und Qualität zu. Die Vorliebe für Spiegel und für Terrakotta-Figuren bleibt bestehen. Die Kleidungsstücke werden immer umfangreicher, Schuhe kommen hinzu. Auch Kissen und Fächer zum Wedeln finden sich in den Haushalten sowie erste Konstruktionen gegen Sonneneinstrahlung.

Die Schmuckstücke werden aufwändiger, man verarbeitet reichlich Gold, Kupfer und Perlen. Nun entsteht ein typisches Schmuckstück, das **Magatama**. Das ist eine halbmondförmige Perle, die man in der Jomon-Zeit aus Ton herstellte, jetzt aber aus kostbarem Jade. Die Form findet in der Darstellung eines Kommas zur Vollendung. Magatamas sind im gesamten damaligen Japan begehrt und im heutigen immer noch beliebt.

Die Landwirtschaft schreitet voran, denn die Bewässerung wird professioneller. Nun hält man auch Pferde und viele Hühner. Die Pferde werden hauptsächlich zur Kriegsführung eingesetzt, die durch schlagkräftigere Waffen effektiver wird.

Hügelgräber

Der enorme Zuwachs an Technologie zeigt sich beeindruckend in der Gestaltung der Gräber. Danach ist die gesamte Epoche benannt, die **„altes (Hügel)Grab"** bedeutet. Jetzt entstehen riesige Hügelgräber mit Grabkammern aus Stein. Um einige baut man Wassergräben. Zunächst bestattet man Mitglieder der Oberschicht darin, begleitet von Grabbeigaben, mit denen sie ein irdisches Leben weiterführen könnten. Man glaubt höchstwahrscheinlich, dass sie das nach dem Tod an einem anderen Ort auch tun werden. Deshalb gibt man ihnen von Gefäßen bis zu Schmuckstücken alles mit, was im Alltag gebraucht wird. Ein Charakteristikum der Gräber sind die sog. **Haniwas,** die man aus mehreren Tonlagen formt. Die Kunstwerke stellen Pferde, Vögel, Fische sowie Menschen und auch ganze Hausanlagen dar.

Die gigantischen Gräber, die auf Hügeln von Hunderten Metern Länge und Dutzenden Metern Breite errichtet wurden, hatten sowohl runde wie auch quadratische Formen. So ergab sich ein schlüssellochartiges Gebilde, im vorderen Teil quadratisch und im hinteren rund. Warum, ist nicht erschlossen. Eine der größten Grabanlagen der Welt ist der **Daisenryo-Kofun (in Osaka)**, dessen Reste man heute noch in der Stadt Sakai in der Präfektur Osaka sehen kann. Zu späterer

Zeit werden auch Menschen anderer Schichten in Hügelgräbern beerdigt, die kleiner sind oder für ganze Familien dienen.

Shinto

Urreligion

Mittlerweile hat sich aus der schamanischen Verehrung von Naturgeistern eine Religion entwickelt, die mehrere **Gottheiten, aber auch verdiente Menschen, heilige Ort oder spirituelle Phänomene** verehrt, die alle mit dem Begriff **Kami** bezeichnet werden. Der Geist der Kami wohnt in einem **Schrein**. Die religiöse Grundhaltung und Verehrung in Schreinen (die man betreten kann) selbst heißt **Shinto** und bedeutet „Weg der Götter". Sie wird zur **Urreligion Japans**.

Der einflussreiche **Yamato-Clan** deklariert sein Abstammen von der Sonnengöttin und lässt eine Legende unters Volk bringen, nach der der Herrscher persönlich von der Sonne herabgestiegen ist. So beginnt die politische Nutzung des Shinto für eine Machtposition.

Shinto heute

Auch heute noch haben japanische Haushalte Hausaltäre im Shinto-Stil. Es gibt Glücksbringer für Gesundheit, Erfolg, Sicherheit im Straßenverkehr und vieles andere in diesem Stil. Die meisten japanischen Paare heiraten mit einer Shinto-Zeremonie in einem Schrein. Dabei nimmt ein Priester eine Reinigungszeremonie vor, es folgen Gebete für Götter und Schutzgeister, und die Brautleute trinken Sake aus einem Becher. Währenddessen wird traditionelle Hofmusik gespielt. Der Bräutigam spricht die Worte, die zur Verehelichung führen. Nur die engsten Angehörigen dürfen der Zeremonie beiwohnen. Die Mütter der Brautleute tragen einen speziellen Kimono, der Ehefrauen vorbehalten ist und in höchsten Ehren gehalten wird.

Machtstellung der Clans

In der Kofun-Zeit kannten die Japaner immer noch keine eigene Schrift, was sie nicht an der Weiterentwicklung der Gesellschaft hinderte. Die Beziehungen zum Festland und zur koreanischen Halbinsel intensivierten sich, der Handel stieg. Die Verbindung mit China wurde immer enger. Die japanischen Herrscher ließen sich von den dortigen Machthabern ihre Herrschaft bestätigen und erhielten im Gegenzug die Erlaubnis, Teile Koreas zu kontrollieren. In Japan etablierte sich eine **Adelsschicht** mit starker militärischer

Präsenz, die über eine Kavallerie, Schwerter, Rüstungen und Schilde verfügte. Im vierten Jahrhundert gelang es dem **Yamato-Clan endgültig**, am Hof entscheidend mitzuwirken.

In der späten Kofun-Zeit etabliert sich die **Soga-Familie**, die dem Yamato-Clan und einem Zweig der kaiserlichen Linie entstammt. Sie setzt sich vom Yamato-Clan ab und macht ihm die Macht streitig. **Soga no Iname** schafft es im Jahr 536, ein wichtiges Mitglied des Kaiserhofs zu werden.

Zwei Jahre später erhält der Kaiserhof vom Herrscher des koreanischen Gebiets Paekche ein buddhistisches Bild. Das beigefügte Schriftstück postuliert den Buddhismus als die einzig richtige Religion. Diese Gabe fällt bei Soga auf fruchtbaren Boden, und er errichtet auf seinem Grundstück den ersten buddhistischen Tempel Japans. Von da an vertreten er und seine Familie sowie deren Nachkommen diese Religion. Das **Jahr 538 gilt als Zeitpunkt der Einführung des Buddhismus in Japan**.

Die **Soga** bauen ihre Herrschaft aus und drängen die kaiserliche Macht zurück. Sie ermorden ein einflussreiches Duo am Hof. Es entsteht ein neues System.

Die Kofun-Zeit ist politisch instabil, da es Kämpfe zwischen rivalisierenden Clans gibt. Trotzdem werden in dieser Zeit Grundlagen für den japanischen Staat geschaffen. Der sich ausbreitende Buddhismus bewirkt, dass der Bau großer Grabanlagen stark zurückgeht, da die neue Religion diese Art von Totenkult nicht unterstützt.

Tenno

Für die japanischen Machthaber wurde der Begriff „**Tenno**" zur Tradition. Im Deutschen gibt man ihn als **Kaiser** wieder, wörtlich bedeutet er „himmlischer Herrscher". Man nimmt an, dass das Wort im siebten Jahrhundert entstanden ist. Oft wird für die vorhergehenden Jahrhunderte neben dem Begriff „Herrscher" auch schon „Kaiser" verwendet, da ein Herrscherhaus existierte.

Im Laufe der Jahrhunderte hat die politische Bedeutung des Tenno sich oft verändert. Heute symbolisiert er laut Verfassung den Staat und die Einheit des japanischen Volks, ohne politische Macht zu haben. Es gibt eine Vielzahl von Anführern im Altertum, die jedoch bis ins 3. Jahrhundert legendenumwoben sind. Danach sind bis ins 6. Jahrhundert die Daten ungewiss.

Der erste Tenno soll **Jinmu** (Bedeutung: „göttliche Macht") gewesen sein, was jedoch als Mythos angesehen wird, denn Jinmu soll ein Urururenkel der japanischen Sonnengöttin **Amaterasu** sein. Doch man zählt von ihm an die Tennos und kommt mit dem jetzigen Kaiser **Naruhito** auf 126. Damit ist Japan ist **die älteste Erbmonarchie der Welt**.

3. Asuka-Zeit (ca. 638 – 710)

Taishi Shotoku (574 – 622)

Die herausragende Gestalt der Asuka-Zeit ist **Taishi Shotoku.** Er stammte aus der einflussreichen **Soga-Familie** und **avancierte 593 zum Regenten Japans.** Als erste Amtshandlung belebte er den kulturellen und wirtschaftlichen Aufbau, indem er Handwerker, Künstler und Verwaltungsfachleute von China nach Japan holte und **die Kenntnisse der erfahrenen Chinesen in Japan etablierte**. So übernahm er vom Kalender und der Schrift über verwaltungstechnische Abläufe bis zur Architektur alles von China, was ihm sinnvoll erschien. Er erstellte sogar das erste Geschichtsbuch Japans nach chinesischem Muster. Auch die Koreaner sandten zahlreiche Architekten und Künstler nach Japan, die den Tempelbau unterstützen, ebenso wie buddhistische Mönche, die für die weitere Verbreitung der Religion sorgten.

Als überzeugter Buddhist machte Shotoku den **Buddhismus zur Staatsreligion** und ließ zahlreiche Tempel bauen, darunter den **Horyu-ji-Tempel in Ikaruga**, eines der ältesten aus Holz gefertigten religiösen Gebäude der Welt und mittlerweile UNESCO-Weltkulturerbe. Außerdem verbreitete er die humanistischen Ideen des chinesischen Gelehrten **Konfuzius (ca. 551**

bis 479 v. Chr.), die sich gut mit dem Buddhismus verbinden lassen. Ein beispielhaftes Zitat lautet: „Der sittliche Mensch liebt seine Seele, der gewöhnliche sein Eigentum."

In den **Jahren 603 und 604 reformiert Shotoku die Verfassung**, indem er 17 Artikel im Geiste Buddhas und Konfuzius' erlässt. Kriterien, Beamter zu werden, sind jetzt Sinn für Gerechtigkeit und Fleiß und nicht mehr die Herkunft, aufgrund derer die Beamtenschaft bislang familiär vererbt wurde. **Leitlinien sind die Verantwortung der herrschenden Klasse gegenüber dem Volk und die Folgsamkeit der Untergebenen.** Beamte des Königshofs und der Gerichtsbarkeit werden in **ein System von 12 Stufen** eingeordnet, die er nach moralischen Kriterien wie Menschlichkeit, Tugendhaftigkeit, Glaube und Gerechtigkeitssinn einteilt. Jeder Beamte hat eine Kopfbedeckung zu tragen, deren Farbe seinen Stand anzeigt.

Japan erfuhr eine erhebliche Vereinheitlichung, weil Shotoku vieles von dem, was die mittlerweile wohlhabenden Feudalherren an Macht und Besitz errungen hatten, in die Hände des kaiserlichen Hofs zurückbeorderte. So förderte er eine zentrale Macht, die nach den **ethischen Prinzipien von Edelmut und Harmonie** handeln sollte.

Zu den technischen Errungenschaften zählt ein **verbessertes Bewässerungssystem.**

Shotoku wird nach seinem Tod als **buddhistischer Heiliger** verehrt. Doch der Soga-Clan, dem er entstammt, geht seinem Ende entgegen. Aufgrund einer Revolte verfolgt und ausgerottet, gibt es ihn Mitte des siebten Jahrhunderts nicht mehr. Nun gewinnt die **Fujiwara-Familie** an Einfluss, der sich bis ins elfte Jahrhundert hält. Im Gegensatz zum widerspruchsfreudigen Soga-Clan, der den Kaiserhof immer wieder provozierte, stellt sie die Kaisermacht nie in Frage.

Taika-Reformen

Shotoku hatte mit seinen Reformen die Grundlagen für die **Taika-Reformen** geschaffen, die unter dem Regime des **36. Tennō von Japan, Kotoku (Lebzeiten 596 – 654, Tenno ab 645),** in Kraft traten und umgesetzt wurden.

Das Modell der 12 Stufen des Beamtenapparats wurde erweitert. Vor allem verteilte man die Ländereien neu. Es gab nun **weniger Privateigentum**, was die Wirtschaftskraft großer, mächtiger Familienclans schwächte, und **mehr öffentliches Eigentum.** Man begründete das mit den **konfuzianischen Ideen von Gleichheit und Gerechtigkeit**. Doch die Stärkung des Kaiserhofs durch diese Maßnahmen lässt sich nicht leugnen, denn sein Zentralismus wurde gestärkt und die wesentlichen Ressourcen fielen in seine Verfügungsgewalt.

Man führte ein **einheitliches Steuersystem** ein, das alle Landbesitzer zu Abgaben verpflichtete. Die Bauern wurden gegenüber den Großgrundbesitzern, die durch die Landreform ohnehin viel an Besitz verloren hatten, um einiges gestärkt. Die Infrastruktur wurde durch den Ausbau von Straßen bis zur Einrichtung von Poststellen in größeren Städten erweitert. Acht Ministerien wurden geschaffen, die ihrerseits staatlicher Aufsicht unterlagen. Ihre Aufgabe war, die Verwaltungsreform durchzuführen und zu überwachen.

Der Stellenwert der gesellschaftlichen Schicht, der man entstammte, sank weiterhin zugunsten persönlicher Verdienste, die sowohl moralische Tugenden wie auch fleißige Arbeit umfassten. Das Anlegen von Grabhügeln im Kofun-Stil wurde verboten, blieb aber für die Oberschicht weitgehend erlaubt. Tierische Opfergaben wurden verboten, da sie der buddhistischen Grundhaltung des Schutzes von Leben widersprachen.

Bis zum Ende des siebten Jahrhunderts dehnte der Staat seine Kontrollmechanismen aus. Er erließ **Vorschriften zum Prägen und Gebrauch von Münzen und zur Einteilung von Maßen und Gewichten**, die bis dahin uneinheitlich angewendet wurden. Außerdem existierten nun Vorschriften zur Bekleidung. Die Bürger hüllten sich in gelbe Kleidungsstücke, Sklaven mussten Schwarz tragen. Die Oberschicht war in der Wahl des Outfits frei.

Die **Hauptstadt Asuka**, nach der die Zeit benannt ist, wird dem Kaiserhof zu unbedeutend. Im Jahr **710** ernennt die **Kaiserin Gemmei** die Stadt **Nara** (damals Heijokoyo genannt), die auf der größten Insel Japans liegt, zur neuen Hauptstadt. Nach ihr wird auch die neue Epoche benannt, die nun anbricht.

4. Nara-Zeit (ca. 710 – 794)

Errungenschaften

Nun ist Nara die Hauptstadt, der **Buddhismus ist Staatsreligion**. Obwohl noch vieles aus China übernommen wird, greift man weniger auf chinesische Vorbilder zurück. Japan besinnt sich auf seine eigene Kraft. So führt es die **Silbenschrift** ein, die das Schreiben erleichtert. Damit ist die Basis für literarische Schaffenskraft gelegt, die sich in dieser und der darauffolgenden Heian-Zeit stark entwickelt.

Der Tempelbau schreitet fort. **Kaiser Shomu (701 – 756),** der 45. Tenno Japans, lässt die Tempelanlage **Todai-ji** bauen, die er zum Zentrum des Buddhismus macht. Deshalb steht eine riesige Buddha-Figur darin (die Anlage mit dem Buddha ist heute ein Teil des UNESCO Weltkulturerbes und eine touristische Attraktion). Außerdem wird ein Schrein für den Gott **Hachiman** errichtet, der als Schutzgott des Buddha gilt.

Das Ritsuryo-System

Ministerien

Für die Regierungsgeschäfte des Kaiserhofs und den Beamtenapparat entwickelte man ein differenziertes System. Dazu entstand ein Verwaltungsrechts- und ein Strafrechtsverfahren, das **Ritsuryo-System** hieß und Ministerien enthielt, u. a. für Inneres, für Finanzen, für Kriegs- und für Justizangelegenheiten, aber auch für Zeremonien. Das Ministerium für Angelegenheiten des Hofes kümmerte sich z. B. um die Entlohnung der Beamten, die oft aus Ländereien mit Gebäuden bestand, und außerdem um die Kleidervorschriften für Frauen am Hofe.

Steuern

Es gab Vorgaben zur **Steuerschuld**. Z. B. waren Jugendliche unter 17 Jahren und alte Menschen befreit und Bewohner der Grenzgebiete zahlten weniger. Die Abgaben an den staatlichen Getreidespeicher waren prozentual zum Haushaltsumfang geregelt. Bei den Beamtengehältern wurde zeitweise eine Zusatzsteuer erhoben. Auf **Steuerhinterziehung** standen einige Jahre Zwangsarbeit, aber auch Stockschläge. Das Anpflanzen von Maulbeerbäumen, mit deren Rinde sich viele einfache Menschen dieser Zeit noch kleideten, war Vorschrift.

Strafen

Grundsätzlich waren, je nach Schwere des Vergehens, vorgesehen: die ehrenhafte Todesstrafe mittels Erwürgen, die unehrenhafte Todesstrafe mittels Kopf abschlagen, Verbannung in entlegene Gebiete Japans, Zwangsarbeit und Stockschläge mit verschieden dicken Stöcken.

Bei Gerichtsverhandlungen legte man nun mehr Gewicht auf **Zeugenaussagen**. Bevor man jemanden zur Rechenschaft ziehen konnte, musste ein **Geständnis** abgelegt werden. Allerdings geht man davon aus, dass es Folter gab, um eins zu bekommen. Wenn jemand auf frischer Tat ertappt wurde, half seine bis dato ehrenhafte Lebensweise nicht, die man ansonsten strafmildernd in die Waagschale warf. Es gab eine jährliche Konferenz, in der die Gesetze überprüft und bei Bedarf geändert wurden.

5. Kaiserin Koken (718 – 770)

Noch während der Nara-Zeit wurde die Hauptstadt erneut verlegt, und zwar nach Kyoto. Ursache dafür war das Verhalten der Kaiserin Koken, 46. und 48. Tenno.

Sie wurde zunächst als einziges Kind des Kaisers Shomu als seine Nachfolgerin akzeptiert, weil die Erbfolge geschlechtsneutral angewandt wurde. Doch dann gab es Rebellionen, gegen die sie sich durchsetzte, indem sie die Anstifter töten oder ins Exil schicken ließ. Für eine Zeitlang übertrug sie die Regierungsgeschäfte an den Kronprinzen **Junnin**, den sie zu ihrem Adoptivsohn machte. In seiner Regierungszeit lebte die überzeugte Buddhistin, die nie heiratete, im Kloster.

Von dort kehrte sie nach einigen Jahren, von einer schweren Krankheit genesen, zurück und beanspruchte erneut den Thron - erfolgreich. Nun ging Junnin ins Kloster. Von dort schickte sie ihn ins Exil, wegen angeblicher Beteilung an einer Rebellion gegen sie, aber wahrscheinlich, damit er keine Konkurrenz mehr war. Danach ließ sie Hunderttausende von buddhistischen Sprüchen, gedruckt auf Holztäfelchen, in Haushalten und Klöstern verteilen. Davon sind heute noch viele erhalten.

Sie nahm sich einen Liebhaber. Es handelte sich um einen buddhistischen Mönch, der sie während ihrer Erkrankung betreut und angeblich zur Heilung beigetragen hatte. Sie dankte es ihm mit machtvollen Positionen, woraufhin er sich als Kaiser ins Spiel brachte. Er behauptete, ein Orakel aus einem Shinto-Schrein des Gottes **Hachiman** hätte verkündet, er solle Kaiser werden. Koken entsandte einen Boten, der das überprüfen sollte. Nun proklamierte das Orakel, nur kaiserliches Blut gehöre auf den Thron. Doch bevor sie etwas entscheiden konnte, verstarb sie als ein Opfer der ausufernden Pockenepidemie, die in den 30er Jahren des Jahrhunderts mehr als 30 Prozent der Bevölkerung auslöschte.

Der Kaiserhof schickte den Mönch ins Exil und verhinderte im Folgenden, **dass Frauen Thronerbinnen werden konnten**. Insgesamt gab es bis dahin sieben Kaiserinnen, wobei Gemmei ihre Tochter auf den Thron setzte; zwei Kaiserinnen sollten im 17. und 18. Jahrhundert noch folgen.

Die Hauptstadt wurde verlegt, um die unglücklichen Geschehnisse am Kaiserhof vergessen zu machen, aber auch, damit die weltliche Regierung sich dem weiteren Zugriff der aufstrebenden Geistlichkeit besser entziehen konnte.

6. Heian-Zeit (ca. 794 – 1185)

Friedenszeit

Nun war **Heian-kyo**, das heutige **Kyoto**, Hauptstadt und sollte es für die nächsten tausend Jahre bleiben. Bis zum neunten Jahrhundert hatte sich das **Kernland Yamato** viel weiter ausgedehnt, bis zu den bedeutenden japanischen Inseln (außer Hokkaido). Das „Land der großen Harmonie", wie es übersetzt heißt, wird bis heute als das **Kernland Japans** angesehen, wo die **grundlegenden japanischen Tugenden wie Ehrlichkeit, Höflichkeit und Reinheit ihren Ursprung haben**.

Während der Kampf um die Vormachtstellungen in den vergangenen Jahrhunderten nicht friedlich abgelaufen war, entpuppte sich die Heian-Zeit, benannt nach ihrer Hauptstadt, als **eine relativ friedvolle Epoche**.

Die kulturelle Entwicklung macht einen mächtigen Sprung. Es entstehen viele neue Tempel und ein ausgeprägtes japanisches Schrifttum, wobei der Einfluss Chinas immer weiter zurückgeht. Feudale Strukturen mit dem Lehenswesen verfestigen sich. Der Buddhismus verbreitet sich weiter und wird durch die beiden großen Richtungen **Tendai** und **Shingon** repräsentiert. In diese Zeit fällt auch der Aufstieg der Krieger-Klasse, die **Bushi** und später **Samurai** genannt wird.

Der typische Samurai trägt zwei Schwerter, beherrscht aber auch die anderen Waffen. Im Laufe der Zeit trägt er die Waffe, die auf seine Kampfkunst-Schule schließen lässt.

Auswirkungen der Taika-Reformen

In der Heian-Zeit kommt es zu ungewollten **Auswirkungen der Taika-Reformen**. Zwar hatten sie ursprünglich zur gleichmäßigen Verteilung des Landes geführt, doch verschiedene Landeigner konnten verschieden mit ihrem Besitz umgehen. Wer beispielsweise Sklaven besaß, konnte sie für sich arbeiten lassen und seinen Besitz vergrößern. Außerdem blieb die Besteuerung für die Bauern aufrechterhalten, während viele Adelige und die Klöster immer weniger Steuern bezahlten.

Das höhlte den Regierungsapparat mit der Zeit aus, weil ihm Gelder fehlten, und gab den Landbesitzern immer mehr Macht, die sich so zu **Feudalherren** entwickelten. Diese Großgrundbesitzer konnten sich weitere Ländereien verschaffen, ohne steuerlich belastet zu werden. Die Familien, denen das am besten gelang, kamen aus der Aristokratie. Mehrere Jahrhunderte lang waren es die **Fujiwara mit ihrem Oberhaupt Michinaga**. Er verband seine aufsteigende Machtposition geschickt mit dem Kaiserhof, indem er seine vier Töchter an Kaiser verheiratete, und zwar jeweils mit dem Thronfolger. **Der Kaiser selbst wurde immer mehr zur zeremoniellen Figur**, während die Fujiwara die Geschicke des Landes leiteten und sogar über die Thronfolge bestimmten.

Um ihre Ländereien zu behalten, benötigten die Adelsfamilien Schutz. Sie engagierten die Samurai-Krieger, die ihre Gutshöfe bewachten und dafür selbst Teile davon erhielten. Die Bauern verarmten und mussten sich mehr und mehr an einem Lehnsherrn verdingen. Mit der Zeit war von den Taika-Reformen nichts übrig. Auch das Rechtssystem fand immer weniger Anwendung, da die Feudalherren ihre Interessen auf ihrem Anwesen nach eigenem Gutdüngen durchsetzen.

Kriegerklasse und Herrschaft von Familienclans

Die **Krieger** erhielten größere Befugnisse und bildeten bald **eine eigene Klasse.** Obwohl der Kaiserhof immer noch die Machtbefugnisse über Krieg und Frieden hatte, ging die reale militärische Macht an die lokalen Feudalherrscher mit ihrem Kriegerheer über. Auch religiöse Einrichtungen wie große Klöster nahmen die Dienste der Samurai in Anspruch, um ihren Besitz zu schützen, wodurch die Klasse immer unverzichtbarer wurde.

Wirtschaftlich erlebt Japan nun einen **Rückschlag,** weil riesige Teile der Bevölkerung verarmen. Einige tausend reiche Menschen haben Besitz inne, während einige Millionen Menschen kaum über das Nötigste verfügen. **Familienclans wie die Fujiwara kontrollieren mit dem Eigentum an den Reisfeldern die wichtigsten Ressourcen**. Die Regierung hat kaum noch Geld, so dass das Währungssystem sich nicht entwickelt. Reis ist das hauptsächliche Tauschmittel. Dienstleistungen wie das Überbringen von Botschaften werden häufig mit Kleidungsstücken oder Haushaltsgegenständen entlohnt. Die mächtigen Fujiwara versäumen, reisenden Menschen Krieger zum Schutz mitzugeben, und es kommt zu zahlreichen Überfällen. Die Klöster fangen an, sich zu bewaffnen und an Kämpfen teilzunehmen.

Insei-Zeit

Kaiser Go-Sanjo wehrte sich im Jahr 1086 gegen die Vorherrschaft der Fujiwara, indem er seinen Sohn auf den Thron setzte, die kaiserliche Macht betonte und selbst ins Kloster ging. Er blieb im Hintergrund als politischer Strippenzieher aktiv und gab dem Thronfolger vor, was er zu tun hatte. Diese Art des kaiserlichen Einflusses ohne aktive Regierungsgewalt wird **Insei-Zeit** genannt. Sie dauerte ca. **von 1086 bis 1156**. Die Kaiser selbst danken ab, gehen ins Kloster und setzen ihre minderjährigen Kinder auf den Thron. Diese sind nur formal Kaiser, während die Alt-Kaiser von ferne - so gut es geht - mitreden. Das Sagen haben im Wesentlichen die mächtigen Familien.

Zwei weitere Familien, **Minamoto** und **Taira**, erlangen in den nächsten Jahren eine Machtstellung, doch sie bekämpfen sich gegenseitig. **Yoritomo Minamoto** siegt in dem kriegerischen Konflikt, indem er seine Feinde und mehrere rivalisierende Familienmitglieder ermordet. Er verdrängt den Kaiser und wird **1192 zum Shogun, dem höchsten Militärführer**, ernannt. Das ist der Beginn der Herrschaft von Kriegern, also der **Samurai-Herrschaft.**

Kultur der Heian-Zeit

In der Heian-Zeit schreitet die **Alphabetisierung** fort,
ist jedoch nur am Hofe und bei der Geistlichkeit üblich.
Die Literatur blüht, und schreibende Frauen sind keine
Seltenheit. Gedichte zu kennen und auch selbst zu ver-
fassen gehört zum Adelsalltag. Wer da nicht mithalten
kann, sinkt im sozialen Ansehen.

Zu den bekanntesten Dichtungen gehören die „**Geschichten des Prinzen Genji**", einer der bedeutendsten und ersten Romane der Weltliteratur, geschrieben
von der **Hofdame Murasaki Shikibu** um die Jahrhundertwende 10./11. Jahrhundert. Er erzählt die Lebens-
geschichte eines Prinzen, der zunächst zu einem einfachen Bürger degradiert wird, dann zahlreiche Liebes-
abenteuer durchlebt und schließlich wieder ehrenvoll
am Kaiserhof aufgenommen wird. Mit seiner ersten
Frau Aoi vermählt man ihn, als sie zwölf Jahre alt ist,
weil ihr Vater einen hohen Beamtenposten am Kaiserhof einnimmt; er hat einen Sohn mit ihr. Eine spätere
Ehefrau schenkt ihm ebenfalls einen Sohn und geht
dann in ein buddhistisches Kloster.

Es entsteht kunstvolle Lyrik, darunter das berühmte
Iroha-Gedicht, das im buddhistischen Sinn die Ver-
gänglichkeit des Lebens und die Glückseligkeit im Nirwana beinhaltet. Es verwendet jede bestehende Silbe
der Sprache einmal. Die heutige japanische National-
hymne geht auf Texte aus dieser Zeit zurück. Zudem

kommen die **ersten Comics** auf den Markt. Es handelt um sich Serien von Zeichnungen, die das alltägliche Leben der Menschen und Themen des Buddhismus aufgreifen und auch für Analphabeten verständlich sind.

Schönheit war ein großes Thema in der Heian-Zeit. Frauen und Männer puderten ihr Gesicht und schwärzten ihre Zähne, um dem Schönheitsideal zu entsprechen. Die Frauen malten sich schmale rote Münder und sehr hohe Augenbrauen, lange schwarze Haare waren en vogue. Sie trugen lebhafte Designs mit reichlich Flora und Fauna. Für die Männer war ein dünner Oberlippen- oder Kinnbart angemessen.

7. Entwicklung des Buddhismus in Japan

Prinz Siddhartha (563 bis 483 v. Chr.)

Nach der Überlieferung zur Entstehung des Buddhismus verzichtete Prinz Siddhartha (Namensbedeutung: „der sein Ziel erreicht") im heutigen südlichen Nepal auf alle Vorteile seiner Abstammung und wurde Mönch. Als solcher durchwanderte er die Lande. Auf der Suche nach der Ursache des menschlichen Leidens erfuhr er Erleuchtung und begann, andere Menschen im Sinne seines Lebensstils zu unterrichten.

Gier, Gewalt und Machtstreben gelten als die Motivationen, die Leid verursachen und vermieden werden sollen. Nach Siddharthas Lehre geht die Seele mit dem Tod ins Nirwana ein, dann erfolgt eine **Wiedergeburt**. Nach seinem eigenen Tod entstanden Texte mit seinen religiösen Ideen, die **Sutras** heißen. Er selbst wurde zum **Buddha**, was „der Erwachte" oder „Erleuchtete" bedeutet. Es entwickelten sich drei Hauptrichtungen des Buddhismus.

Hauptrichtungen des Buddhismus

Theravada ist die früheste Buddhismus-Variante mit der Bedeutung „Die Lehre der Älteren". Sie setzt den Akzent darauf, individuelle Befreiung von Leiden durch spirituelles Leben im Kloster zu erlangen.

Mahayana bedeutet „Großes Fahrzeug/großer Weg". Diese Lehre geht davon aus, dass Theravada nur wenigen Menschen möglich ist. Sie betont, dass alle Menschen Erleuchtung erreichen können und strebt das Heil aller Wesen auf der Welt an.

Vajrayana heißt „Diamantfahrzeug". Diese Lehre vermittelt, dass unzureichendes Handeln **Karma** erzeugt, das zu einem Kreislauf von verschiedenen Leben führt. Der Mensch soll nach Erleuchtung streben, sodass er von den irdischen Leidenswegen befreit wird. Die buddhistischen Lehren setzten im Allgemeinen als selbstverständlich voraus, dass nur **Männer** zur Erleuchtung fähig sind. Im Vajrayana gesteht man die Möglichkeit auch **Frauen** zu. In der heutigen Zeit sind die Buddhisten im Allgemeinen dieser Auffassung.

Varianten des Buddhismus

Aus der Mahayana-Variante entwickelte sich speziell in Japan der **Zen-Buddhismus**. Die Anfänge sind im fünften Jahrhundert schon zu spüren, der Höhepunkt der Lehre setzt aber erst **im 12. Jahrhundert** ein. Hierbei setzt man weniger auf das Anrufen von Gottheiten und mehr auf ein gutes Verhältnis der Zen-Lehrer zu ihren Zen-Schülern.

Die Intuition hat Vorrang vor logischem Denkvermögen. So bekommt der Schüler typischerweise einen sog. **Koan** (ein logisch nicht zu lösendes Rätsel) als Meditationsthema, der beispielsweise lauten kann: „Wie klatscht man mit einer Hand?" Oder: „Wenn deine Asche nach dem Tod verstreut worden ist, wo bist du dann?"

Der Buddhismus, der von Korea nach Japan kam, war die **Mahayana**-Variante. Sie beeinflusste die Gesellschaft nachhaltig, zumal die Aristokratie diese religiöse Haltung sehr schnell annahm, weil der Kaiserhof sie propagierte. Bereits Anfang des achten Jahrhunderts gab es flächendeckend Tempel und entsprechend viele buddhistische Priester. Auch die (Kunst)Handwerker stellten sich auf die neue Kultur ein und produzierten Kultbilder und Statuen.

Im Jahr 800 gingen Priester nach China, um die Lehre zu studieren. Sie kamen zurück mit der Überzeugung, dass die **Vajrayana**-Variante der bessere Buddhismus wäre, und gründeten entsprechende Klöster. Das bekannteste ist **Enryaku-ji in der Nähe von Kyoto**, das 1994 zum Weltkulturerbe erklärt wurde. Nun entstanden buddhistische Schulen, eine der größten ist **Tendai**. Die Priester praktizieren mystische Rituale. Es entsteht die Vorstellung, man könne nach dem Tod in einer Art Hölle landen. Ein wichtiger Tendai-Gott ist **Fudo Myo**, der Gott des Lichts und der Weisheit mit ausgesprochen zorniger Miene. Tendai hat heute noch weit über 2000 Tempelanlagen und lehrt den japanischen Buddhismus.

Ab dem 12. Jahrhundert etabliert sich der **Amitabha-Buddhismus**. Die Anhänger gehen davon aus, dass es für den (damals) modernen Menschen so gut wie unmöglich ist, Erleuchtung zu erlangen, da die dazugehörenden Ideale wie Gerechtigkeit und Moral sowie die religiösen Rituale grob vernachlässigt werden. Als Alternative wendet man sich an den Gott **Amitabha,** der in einem paradiesischen Land lebt, in dem man nach dem Tod wiedergeboren wird. Man muss ihn durch Gebete oder Mantras um Hilfe bitten. Zudem spielt der **Gott Jizo** eine große Rolle, der die Seelen der Toten betreut. Er ist ein Gott der Güte, sodass man sich von dem Gedanken eines Höllendaseins nach dem Tod verabschiedet. Jizo zeigt sich mit kindlichem Gesichtsausdruck und gilt auch als Beschützer der Kinder. Heute noch gibt es in Japan den Brauch „Jizo-bon", bei dem man ein Fest für die Kinder veranstaltet.

Beispiele aus dem Buddhismus

Der Buddhismus ist eine Religion, die **Frieden und Gelassenheit** propagiert. Im Namen Buddhas wurde noch nie Gewalt gepredigt oder angewendet. Buddhisten selbst bezeichnen ihre Lehre meistens nicht als Religion, sondern sehen sie als Lebenseinstellung.

Ein Beispiel aus der Lehre Buddhas ist der folgende Dialog mit der Tochter eines Webers:

Buddha: „Woher kommst du?"

Tochter: „Ich weiß nicht, Herr."

Buddha: „Wohin wirst du gehen?"

Tochter: „Ich weiß nicht, Herr."

Buddha: „Weißt du nicht?"

Tochter: „Doch, ich weiß, Herr."

Buddha: „Weißt du?"

Tochter: „Nein, ich weiß nicht."

Die buddhistische Interpretation lautet: Die Tochter wusste, dass sich die ersten beiden Fragen auf das vorhergehende und nächste Leben bezogen und nicht auf ihr jetziges, deshalb musste sie ihr Unwissen kundtun. Die dritte Frage verstand sie sinngemäß als „Weißt du nicht, dass du eines Tages sterben wirst?" und versicherte deshalb ihr Wissen. Die vierte Frage bezog sie auf den Zeitpunkt ihres Todes und verneinte sie folgerichtig. Die Tochter hatte nach diesem Gespräch mit Buddha den ersten Grad der Erleuchtung erreicht.

Ein typisches Statement der buddhistischen Lehre ist: „Meine Religion ist es, mich meiner selbst nicht zu schämen, wenn ich sterbe."

III. Mittelalter

1. Kamukara-Zeit (ca. 1185 – 1333)

Shogunat

In der Kamukara-Zeit hatten diejenigen Familien im Wesentlichen die Macht inne, die der Krieger-Klasse angehörten. Die Krieger werden **Bushi** genannt (im Deutschen **Samurai**), ihr Ehrenkodex heißt **Bushido**. Er beinhaltet Ritterlichkeit, Mut, Fleiß, Loyalität, Kampf bis zur Selbstaufgabe und Bereitschaft zur Auseinandersetzung mit dem Feind in absolut jeder Situation.

Die hochstehenden Samurai bilden den Krieger-Adel. Er regiert als **Shogunat** (auch Bakufu genannt), was eine **Regierung durch das Militär** meint. Der Sitz ist in **Kamakura**, wovon die Epoche ihren Namen erhält. Die Kriegerfamilie **Minamoto** verbindet sich mit dem Kaiserhof durch Einheirat in die hochgestellte Familie **Hojo**. Diese ist interessanterweise ein Abkömmling der Familie **Taira**, mit der man sich wenige Jahre vorher noch im Krieg befand.

Zunächst ist **Yoritomo Minamoto** Shogun. In der Zeit nach seinem Tod, verursacht durch einen Reitunfall, übernehmen seine Söhne (nacheinander) das Amt. Die Macht ist zwar in den Händen einer Krieger-Familie, doch die Regierungsgeschäfte benötigen auf der zivilen Ebene einen Verwaltungsapparat. Dafür schuf das Shogunat Organe:

- ein **Sekretariat**, das die Verwaltung innehatte

- einen **Gerichtshof**, der Prozesse führen durfte, aber primär für Dokumente zuständig war

- Die „**Samurai-Dokoro**", die militärische Angelegenheiten regelte, aber faktisch vorwiegend die ausführende Gewalt darstellte. Sie achtete auf das korrekte Verhalten der Adelsschicht, war für die Sicherheit des Shogunats zuständig und übernahm die Führungsrolle in Kriegen. Oft war sie es auch, die Verbrecher verurteilte.

Es gab nun ein **Feudalsystem**, wobei das Shogunat zahlreiche **Vasallen** in Machtfunktionen installierte. Der Shogun konnte sich hundertprozentig auf ihre Dienste verlassen und die Vasallen wiederum auf ihre Entlohnung, vorwiegend bestehend aus Ländereien, die sie als Lehnsherren übernahmen. Unter den Vasallen waren Mitglieder der ehemals verfeindeten Familien Minimoto und Taira wie auch hochstehende Samurai. Ihnen unterstand das militärische Fußvolk. Auch im zivilen Leben gab es weiterhin Rangfolgen, deren Ende die Sklaven bildeten.

Neben den Vasallen waren Verwalter auf lokaler Ebene installiert, die vor allem für die Steuererhebung sorgten, aber auch auf unterer Ebene Recht sprachen. Sie erhielten in dieser Epoche Erbrecht für ihre Tätigkeit und durften Steuern für den Eigenbedarf erheben. Darüber hinaus beschäftigten die Shoguns Verwaltungsbeamte mit guten Fachkenntnissen für die Staatsgeschäfte. Sie übernahmen die zivile Verwaltung, vergleichbar mit einem öffentlichen Dienst.

Erstes Gesetzeswerk

Im Jahr 1232 tritt die erste allgemeingültige Gesetzessammlung namens Goseibai Shikimoku in Kraft, nach der Prozesse geführt werden. Es ist nötig geworden, Verhandlungen nach verbindlichen Richtlinien durchzuführen, weil es zu immer mehr Konflikten zwischen Adel, Vasallen und Bauern kommt. **Damit ist das Ritsuryo-System außer Kraft gesetzt.** Auch die Klöster, die bis dahin vor allem nach ihren eigenen Regeln lebten und die allgemeingültigen Regulierungen außer Acht ließen, müssen sich dem Gesetzeswerk beugen.

Die klaren Gesetzesvorgaben enthalten eine erhebliche **Mithaftung von Familienangehörigen**.

Einige Beispiele:

- Vater und Söhne haften für einen Täter mit, der einen Menschen verletzt oder tötet. Das ist nur dann nicht der Fall, wenn die Tat im Zustand der Trunkenheit oder des Affekts begangen wurde. (Da die Kriegerklasse herrschte, war das Mordinstrument meistens ein Schwert.)

- Ein Mörder wird mit dem Tod bestraft und sein Vermögen wird eingezogen. Die Mithaftung bezieht sich auf den Einzug des Vermögens der Mithaftenden, nicht jedoch auf die Todesstrafe.

- Auch eine Ehefrau haftet mit, z. B. bei Raub und Überfällen, aber nicht bei Tötungsdelikten und Körperverletzung.

- Sollten sich zwei Menschen „handgreiflich streiten", so droht beiden die Todesstrafe. Wenn der Täter vom Tatort flieht, erwartet die Familie des Täters eine Strafe, jedoch nicht das Todesurteil.

Im Winter 1232/33 wurde ein kaum bekanntes Gesetz verabschiedet. Wegen einer **Hungersnot** wurde das **Verkaufen von Menschen** legalisiert, auch wenn sie keine Sklaven waren, damit Familien dadurch vom Hungertod verschont blieben.

Angriff der Mongolen

In den Jahren **1274 und 1281** begann der mongolische Anführer **Kublai Khan (1215 – 1294)**, ein Enkel Dschingis Khans, einen Krieg gegen Japan. Aber schon beim ersten Angriff vernichtete ein Taifun seine eigene Flotte. Das Gleiche geschah bei der zweiten Attacke. Die riesige Armee wurde von einem weiteren Taifun weggespült. Die Japaner interpretierten dies als ein Zeichen göttlichen Schutzes, der einen Angriff auf ihr Land verhinderte. Sie nannten den Sturm **Kamikaze**, was „göttlicher Wind" bedeutet, und verstanden sich fortan als **eine göttliche Nation**. Tatsächlich blieb Japan vor Überfällen feindlicher Mächte bis zum 20. Jahrhundert verschont. Im Zweiten Weltkrieg nahm das Wort Kamikaze eine andere Bedeutung an. Hier handelt es sich um Selbstmord-Piloten, die ihre Flugzeuge in die Kriegsschiffe feindlicher Mächte steuerten.

Nach dem zweiten Mongolen-Angriff kamen im Kaiserhof Streitigkeiten um die Thronfolge auf. Die Shogun-Regierung war mit einem möglichen dritten Angriff der Mongolen, der jedoch nie stattfand, so beschäftigt, dass sie die Brisanz der Situation nicht erkannte und nicht eingriff.

Kaiser Go-Daigo (1288 – 1339)

Erneute Kaisermacht

In dieser Situation griff **Kaiser Go-Daigo,** 96. Tenno, ein. Er brachte seine Absicht, selbst zu regieren, klar zum Ausdruck und bestimmte einen Sohn als Nachfolger, womit er den Thronfolgestreit beendete. Aus seinen vielen Kindern, die er mit mehreren Hofdamen hatte, wählte er **Moriyoshi** aus. Er wollte die ehemalige Machtposition des Kaisers wiederaufleben lassen und setzte auch gleich die Konvention außer Kraft, dass ein Kaiser erst nach seinem Tod einen Kaiser-Namen erhält. Er legte seinen posthumen Namen als Go-Daigo fest, um mit Daigo, dem 60. Tenno, verbunden zu sein, der mit 21 kaiserlichen Ehefrauen und Konkubinen 36 Kinder gehabt hatte. Wegen der Namensgleichheit bezeichnet man ihn oft als „späteren Kaiser Daigo".

Go-Daigo wird im Jahr 1318 gekrönt. Jahrelang konzentriert er sich hinter den Kulissen darauf, die Ablösung des Shogunats vorzubereiten. Sein Sohn stärkt die aggressive Stimmung gegen die schwächelnde Krieger-Regierung, die sich in einigen Regionen ausbreitet.

Im Jahr 1331 verrät ein Berater die Pläne des Kaiserhofs, die Macht wieder selbst zu übernehmen, an das Shogunat. Es kommt zu Auseinandersetzungen. Die

Jahre bis 1333 werden als **Genko-Krieg** bezeichnet. Genko bedeutet Bürgerkrieg. Go-Daigo wird auf die Oki-Inseln verbannt, kommt aber 1333 aus dem Exil zurück und kann das Shogunat stürzen, zumal es durch Aufstände in mehreren Provinzen schon geschwächt ist. Go-Daigo hat die Macht inne.

Kemmu-Restauration

Im Jahr 1334 verkündet der Kaiser die **„Kemmu-Restauration"** und postuliert den Kaiserhof als Zentrum der politischen Macht sowie das Ende des Shogunats. Er macht seinen Sohn **Moriyoshi** zum Anführer des Militärs. Doch er stößt auf große Schwierigkeiten. Seine unmittelbaren Unterstützer, darunter viele Vasallen, hatten nicht die Rückkehr zum Kaisertum angestrebt, sondern wollten lediglich die bestehende Regierung absetzen. Die einflussreiche **Hoja-Familie,** die mit dem Kaiserhof verflochten war, hatte sie nämlich nicht mehr gut entlohnt. Außerdem hatte der Kaiserhof seit Jahrzehnten keine Regierungserfahrung mehr, was die alleinige Macht beim Kaiser als keine gute Idee erscheinen ließ.

Go-Daigo will Reformen durchsetzen, setzt Rechtsstreitigkeiten in Gang und schließt die Kriegerklasse (Samurai) aus der Regierung aus. Der Versuch zur Wiedereinführung der alten Kaiserzeit führt jedoch zu anarchie-ähnlichen Verhältnissen. Die Landbesitzer halten sich nicht mehr an Gesetze. Die Korruption und die Ausbeutung der armen Bauern nehmen zu, auch die Klöster machen hier keine Ausnahme. Die Kriegerklasse wird zunehmend unzufriedener.

Schisma des Kaiserhofs

Es gab mehrere Familien, die sich für die eigene Machtübernahme positionierten. Die Kriegerfamilie **Ashikaga** setzte sich durch. Es kam zum Kampf gegen die Kaiserhof-Anhänger. In der **Schlacht am Minatogawa im Juli 1336** unterlag Go-Daigo seinen innerstaatlichen Feinden mit dem Anführer **Ashikaga Takauji (1305 - 1358).** Dessen jüngerer Bruder tötete Go-Daigos Sohn Moriyoshi.

Doch Go-Daigo gibt nicht auf. Er zieht sich in den Süden zurück und macht Yoshino zur Hauptstadt (heute im Süden der Präfektur Nara gelegen). Ashikaga Takauji geht in den Norden und hat Kyoto als Hauptstadt. Dort errichtet er ein neues Shogunat, 14 Shoguns folgen ihm. Beide Herrscher verfügen über einen Kaiserhof. Nun beginnt die Zeit, in der es **einen Nord- und einen Südhof des Kaiserhauses** gibt. Diese Zeit der Spaltung des Kaiserhofs (auch Schisma des Kaiserhofs genannt) dauerte **von 1336 bis 1392**. Man stellte Heere auf, die gegeneinander kämpften, weil beide Seiten den Thron innehaben wollten. Es gab einige größere Kriege. Auch innerhalb der Ashikaga-Familie stritt man sich um das Shogunat, Ashikaga Takauji scheute nicht vor einem Brudermord zurück.

Schließlich bat der Kaiser des Südhofs namens **Go-Kameyama im Jahr 1392** den Nordhof um Frieden. Der Regent **Ashikaga Yoshimitsu (1358 – 1408)** stimmte zu. Man verhandelte einen Friedensvertrag, der vorsah, dass der Nord- und der Südhof abwechselnd regierten. Der Vertrag wurde bis zum Jahr 1412 formal eingehalten, aber vom Norden zeitweise unterlaufen.

Ashikaga Yoshimitsu war der Enkel von Ashikaga Takauji und dritter Shogun der Ashikaga-Linie. Er ließ den prachtvollen **Kinkaku-ji, den Goldenen Pavillon**, in Kyoto bauen. Der Zen-Tempel hat zwei komplett mit Blattgold bedeckte Etagen, wurde mehrfach restauriert und ist heute noch zu besichtigen.

Kaiserliche Insignien

Es gibt verschiedene Auffassungen darüber, ob die „drei Schätze des Kaiserhauses" beim Südhof verblieben oder an den Nordhof übergeben wurden. Es handelt sich dabei um folgende kaiserlichen Insignien:

„Kusanagi no Tsurugi". Das ist ein Schwert, von dem die Legende sagt, dass ein Gott es im Bauch eines Ungetüms fand, das er zuerst stark alkoholisierte und dann umbrachte.

„Yasakani no Magatama", eine Halskette aus Perlen in Tropfenform (wie sie in der Kofun-Zeit en vogue waren), und **„Yata no Kagami"**, ein Spiegel. Die Legende sagt, dass man in der Vorzeit mit diesen beiden Dingen die Sonnengöttin aus einer Behausung hervorlockte, um die Dunkelheit zu überwinden.

Was mit diesen Insignien geschah, ist bis heute unklar. Die Halskette soll sich im kaiserlichen Besitz befinden. Doch alle drei Schätze werden nie gezeigt und bleiben ein Mysterium. Nur der Kaiser und ihm eng vertraute Personen haben Kenntnis darüber, wie sie aussehen und inwieweit es sie überhaupt gab bzw. noch gibt. Auch Historiker werden nicht eingeweiht.

Entwicklung des Südhofs

Der Südhof war ab der Jahrhundertwende praktisch entmachtet, die Regierungsgeschäfte lagen im Wesentlichen beim Nordhof und der Ashikaga-Linie. Trotzdem erklärte der japanische Kaiserhof **im Jahr 1911 den Südhof zur legitimen Kaiserherrschaft** mit dem Argument, er habe die drei Schätze inne.

Nach dem Zweiten Weltkrieg bezweifelte der Geschäftsmann und Buddhist **Kumazawa Hiromichi** die Legitimität des Kaisers Hirohito mit der Begründung, er stamme von der Nordlinie ab. Hiromichi entpuppte sich als einer von mehreren Männern, die von sich behaupteten, rechtmäßige Nachfolger des Südhofs und deshalb die echten Thronfolger zu sein. Diese Einsprüche kamen nie zum Tragen.

Schulen der Buddhisten

Verankerung in der Bevölkerung

Mittlerweile hatten sich mehrere buddhistische Richtungen etabliert. Sie sorgten dafür, dass sich diese Religion in der Bevölkerung verankerte. Bislang hatten vor allem die adeligen Schichten Vorteile, indem sie buddhistische Zeremonien genossen und sich buddhistische Künstler leisten konnten. Viele schmückten sich gern mit Bildern und Ornamenten, die Buddha und seine Worte repräsentierten.

Die neuen Religionsführer wollten nun dafür sorgen, **dass auch die einfachen Leute Vorteile vom Buddhismus hatten**. Sie stützten sich auf die Lehre des **Mahayana- Buddhismus** und predigten, dass jeder Mensch eine buddhistische Natur in sich trüge und sie auch entdecken könnte, wenn er Buddha vertraute. So könnte jeder Mensch göttliche Gnade erfahren und gerettet werden. Sogar jedes fühlende nicht-menschliche Wesen wäre fähig, ein Buddha zu werden.

1192 gründeten sich mehrere prominente Buddhisten-Schulen. Alle hatten das Ziel, dass die Menschen ihr Innerstes erkennen und alle weltlichen Illusionen über Bord werfen sollten. Drei von ihnen setzten sich besonders gut durch.

Die Rinzai shu-Schule

Die Rinzai shu-Schule, gegründet vom **Zen-Meister Myoan Eisai (1141 - 1215)**, lehrte die Meditation und gab Koan-Rätsel, wie schon vorher im Zen-Buddhismus üblich, auf. Seine Fragen wie „Was für einen Gesichtsausdruck hattest du, bevor du geboren wurdest?" sollte man spontan und ohne das Einschalten des Verstandes beantworten. Diese Richtung fand weite Verbreitung, weil die hochstehende Kriegerklasse sie liebte. Die Samurai-Regierung ließ Klöster und Tempel für diesen Buddhismus-Zweig bauen.

Die Soto Shu-Schule

Die Soto Shu-Schule wurde von **Dogen Zenji (deutsch: Meister Dogen, 1200 – 1253)**, einem Zen-Lehrer und mächtigem Abt, aus China nach Japan geholt. Er hielt nichts davon, sich weltlichen Autoritäten unterzuordnen, schon gar nicht einer Regierung von Kriegern. Dank Spenden eines Adligen und aus der Bevölkerung baute er für den Zen-Buddhismus eine **Tempelanlage in Eihei-ji (zu Deutsch: ewiger**

Friede), wo sie heute noch steht. Darin praktizierte er den **Zazen**.

Zazen ist eine besondere Art der Meditation, die zur größtmöglichen Harmonie von Körper und Geist führen soll, sodass der Meditierende zur Erleuchtung kommen kann. Während der Meditation soll nicht nachgedacht werden. Es kam Dogen darauf an, einen Weg zu lehren, wie man ein friedvolles, achtsames und erfülltes Leben führen kann, aber auch, wie man in der gleichen Weise sterben kann. Diese Buddhismus-Variante sprach viele niedrig-rangige Samurai-Krieger an, die an vorderster Front kämpften, denn sie sahen in jeder Sekunde dem Tod ins Auge. Aus dieser Lehre entwickelten die Samurai ihre **Grundhaltung des Bushido.**

Die Lehre des Nichiren

Die **Lehre des Nichiren (1222 – 1282, Reformator des Buddhismus)** entstand daraus, dass er die buddhistischen Sutras intensiv studiert hatte und zu dem Schluss gekommen war, dass das „**Lotos-Sutra**" den entscheidenden Schlüssel darstellte. Die Lotosblume steht darin für das Leben des Menschen, weil ihre Wurzeln im Lehm entstehen und ihre Blüten auf dem Wasser die wunderbarsten Bilder hervorrufen, voller Klarheit, Reinheit und Schönheit. Analog dazu soll der Geist der Menschen sich die gleichen Eigenschaften aneignen, wenn er aus den Irrungen und Wirrungen des Lebens herausfinden will.

Ein Beispiel ist das **Gleichnis vom verlorenen Sohn**, das Ähnlichkeiten zu einem Gleichnis-Text in der Bibel aufweist und sinngemäß folgenden Inhalt hat: Ein Mann verlässt sein Vaterhaus für 50 Jahre. Als er vor einem prächtigen Gebäude steht, erkennt er seinen Vater nicht, der mittlerweile dorthin umgezogen ist. Der Vater allerdings erkennt ihn wohl, was er aber verheimlicht. Vielmehr bereitet er sorgfältig und langsam alles dafür vor, dem Sohn im richtigen Moment die Wahrheit zu sagen. Diesen Augenblick sieht er an seinem Todestag gekommen. Der Sohn ist fortan glücklich und erfreut sich an seinem Erbe.

Nichiren betonte, dass es möglich sein muss, in dieser Welt der Lebenden glücklich zu werden, und verurteilte die Lehren, die die Erleuchtung auf das jenseitige Leben verlagerten. Er bot der Regierung Unterstützung durch seine Lehre an, was die Politiker damit beantworteten, dass sie ihn ins Exil verbannten. Später rief man ihn reumütig nach Kamakura zurück. Daraufhin gründete er den **Kuon-ji-Tempel in der Stadt Minobu** (in der Präfektur Yamanashi). Heute findet man dort sein Grabmal.

Muso Soseki (1275 – 1351)

Kaiser Go-Daigo (der spätere) hatte einen Vertrauten in seinem Kampf gegen das Shogunat, den **Zen-Meister Muso Soseki**. Das war ein buddhistischer Mönch und Lehrer der Rinzai shu-Schule. Berühmt wurde er auch als ausgezeichneter Beherrscher der Kalligrafie, begnadeter Dichter und hervorragender Gartengestalter. Go-Daigo verlieh ihm den Ehrentitel Muso Kokushi, was "Nationaler Zen-Lehrer" bedeutet.

Gemeinsam brachten sie eine Zeitlang die Entwicklung des Zen-Buddhismus voran. Beispielsweise gestaltete der Mönch den berühmten Moosgarten der Tempelanlage **Saihō-ji in Kyōto,** die heute noch eine Attraktion ist. Doch nach dem Scheitern der Kemmu-Reform ließ Soseki den Kaiser im Stich und lief zu Ashikaga Takauji über. Der wiederum unterstützte ihn ebenfalls beim Errichten von Zen-Buddhismus-Klöstern. Durch diese Verbindung der Klöster mit der Regierung festigte sich das Shogunat wieder.

In einem Ausspruch Sosekis (sinngemäß wiedergegeben) wird die Bedeutung klar, die der Zen-Buddhismus auf die Abwesenheit des urteilenden Verstandes legt: „Man sagt, dass der Ignorant durch Ignoranz blockiert ist und der Intellektuelle durch das intellektuelle Wissen. Ein Weg, um all diese Hindernisse zu umgehen und innewohnendes Wissen zu erlangen, ist es, alles gehenzulassen, was immer einem in den Sinn kommt.“

Außerdem sagte er: „Es ist besser, ein wenig zu üben, als sehr viel zu reden."

Wirtschaftliche und kulturelle Entwicklung

Im ausgehenden 13. und beginnenden 14. Jahrhundert zogen die Japaner aus dem Einfall der Mongolen die Konsequenz, ihre Seeflotte zu verbessern. Die Schiffe wurden optimiert, und die **japanische Marine wurde vergrößert**. Bald konnte sie gut mit der chinesischen mithalten, die bis dahin die kompetenteste Streitmacht zur See darstellte. Damit verbesserte sich die wirtschaftliche Situation, vor allem in den Häfen. Man intensivierte auch den **Handel mit China und Korea**. Die Trennung des Kaiserhofs verursachte ebenfalls einen **wirtschaftlichen Aufschwung**, weil man sich im Süden wie im Norden um florierende Geschäfte im Herrschaftsgebiet kümmerte. Es entstanden viele Kulturzentren. Was man im Außenhandel erwirtschaftete, wurde oft in Tempelanlagen investiert.

Die Geistlichkeit stieg im Ansehen. **Buddhistische Mönche und Priester waren als Berater bei der Samurai-Regierung** gern gesehen, zumal sie über eine enorme Bildung verfügten. Ihr Studium von Schriften wurde großzügig unterstützt. Insgesamt führten die Kenntnisse und Erfahrungen, die man aus

China übernommen hatte, sowie die Erstarkung des Zen-Buddhismus und seiner Klöster zu einer günstigen ökonomischen und kulturellen Entwicklung. Aus dieser Konstellation geht das Muromachi-Regime hervor, das die wirtschaftliche Basis der Kriegerklasse erweitert und gleichzeitig den Adel zurückdrängt – ein Trend, der bereits mit dem Kamakura-Shogunat begonnen hatte.

2. Die Muromachi-Zeit (ca. 1338 – 1573)

Etablierung der Daimyos

Benannt wird die Zeit nach dem Stadtteil Kyotos, in dem das Shogunat nach dem Scheitern der Kemmu-Reformen den Regierungssitz errichtet, nämlich Muromachi. In dieser Zeit hat der Südhof faktisch keine Bedeutung mehr. Im Gegenteil, bis Mitte des 15. Jahrhunderts verarmt er mehr und mehr. **Ashikaga Yoshimitsu hat die Samurai-Herrschaft inne**.

Es gab allerdings mit den **Daimyos** eine neue Entwicklung. Das waren Vasallen des Ashikaga-Shogunats, die sich die Vormachtstellung in einer Provinz sichern konnten. Zu dieser Zeit war Japan in Provinzen aufgeteilt, die man **Kuni** nannte. Jede war noch einmal in **Distrikte** unterteilt. Die Daimyos etablierten sich im 14. Jahrhundert als militärische Führer von Provinzen, in denen sie die Macht über die ökonomischen Verhältnisse ebenso innehatten wie die Polizeigewalt, also eine Art Gouverneur oder Provinzfürst darstellten. Die mächtigsten regierten sogar in mehreren Provinzen. Das Shogunat verlangte von den Daimyos, in Kyoto ihren Wohnsitz zu haben, weshalb es zu vielen Stellvertreterposten in den Provinzen kam, die mit Verwandten oder Gefolgsleuten der Daimyos besetzt wurden. Das waren dann wiederum die Vasallen der Daimyos.

Bald sah sich das Shogunat in einer ähnlichen Position wie vormals der Kaiserhof. Die Machtausübung wurde ihm immer mehr aus der Hand genommen, die Kriegerregierung nahm eine eher formale Funktion ein. Während früher die Kriegerklasse den Kaiser verdrängte, bauten nun die Daimyos ihre Herrschaft gegen die Kriegerklasse aus. Zunächst gelang es den Ashikaga-Regierungen noch, das Gleichgewicht zwischen der eigenen und der Macht der Daimyos zu halten. Das änderte sich jedoch Mitte des 15. Jahrhunderts.

Hosokawa-Clan

Es gab drei Clans, die im Laufe der Zeit die meisten Provinzen dominierten und die größte Macht hatten. Ein mächtiger Posten in der Regierung, ähnlich dem eines Abgeordneten, wurde abwechselnd zwischen ihnen vergeben.

Der bedeutendste, der **Hosokawa-Clan**, war ein Samurai-Clan, der in einer Linie von den Ashikaga abstammte und in einer anderen von Kaiser Seiwa (850 – 881), dem 56. Tenno. Viele seiner Mitglieder waren Beamte im Verwaltungsapparat des Shogunats.

(Einige Jahrhunderte später, in der Edo-Zeit, gehörte der Clan zu den größten Landbesitzern. **Morihiro Hosokawa**, der langjährige japanische Politiker und Premierminister von 1993 bis 1994, stammte von diesem Clan ab und deklarierte deshalb eine ethnische Verbindung zu Kaiser Seiwa und dem mythologischen Kaiser Jinmu.)

Onin-Krieg

Im Jahr **1464** wollte der **Shogun Ashikaga Yoshimasa** sich im Alter von 29 Jahren vom Regierungsgeschäft zurückziehen. Er hatte das Amt als Dreizehnjähriger übernommen, weil sein älterer Bruder bei einem Pferde-Unfall ums Leben kam. Mangels eines Sohns machte er seinen jüngeren Bruder **Yoshimi** zu seinem Adoptivsohn, um so vorsichtshalber seine Nachfolge zu regeln, falls er sterben sollte.

Ein Jahr später brachte seine Ehefrau **Hino Tomiko**, die Tochter eines hohen Regierungsbeamten und Mitglied eines einflussreichen Clans, einen Sohn, **Ashikaga Yoshihisa**, zur Welt. Ihr erstes Kind war einige Jahre zuvor kurz nach der Geburt gestorben. Um dafür nicht verantwortlich gemacht zu werden, hatte sie der Amme die Schuld gegeben, die man daraufhin auf die Insel Oki verbannte, wo sie sich umbrachte.

Nun möchte Tomiko, dass ihr Sohn und nicht ihr Schwager eines Tages auf dem Thron sitzt. Sie wirkt auf ihren Ehemann ein, damit er seinen Bruder entthront. Doch das Anliegen bleibt nicht verborgen, es bilden sich Parteien in der Regierung und den Clans. Ein Streit über das politische Erbe bricht aus. Der Hosokawa-Clan unterstützt Yoshimi, während Tomikas Clan zusammen mit der mächtigen Yamana-Familie Yoshihisa favorisiert.

Ausschlaggebend wirkt sich die Einstellung von **Hosokawa Katsumoto** aus, einem hochgestellten Beamten, der seinen Einfluss nutzt, um Ashikaga Yoshihisa als Thronfolger zu unterstützen. Allerdings tut er das vor allem, weil er sich in einem Konflikt mit seinem Schwiegersohn befindet, der ihm seine gute Position nicht gönnt und auf der Seite des Konkurrenten steht.

Die Auseinandersetzungen führten zum **Onin-Krieg**, der von **1467 bis 1477** wütet. Dabei wurde ein großer Teil Kyotos dem Erdboden gleichgemacht. Der Shogun selbst kümmerte sich wenig um die Kämpfe. Er blieb in seinem Regierungssitz und vertrieb sich die Zeit mit Lesungen von Gedichten und Überlegungen zu Tempelbauten. Er hatte auch nicht mehr die Autorität, den Krieg zu beeinflussen oder zu stoppen. Die wirkliche Herrschaftsausübung war auf die Daimyos übergegangen. Der Krieg brachte die Machtposition des Shogunats endgültig zu Fall. Nun begann eine neue Zeit.

Sengoku-Zeit (ca. 1477 – 1573)

Als die Kriegsanführer der Hosokawa und Yamana 1473 starben, wurde der Krieg von den nächsten Generationen weitergeführt. Er ging in eine **mehr als hundert Jahre während Zeit von Gewaltherrschaft und Rebellionen** über. Die Regierungsgewalt kam kaum zur Geltung, denn die Militärklasse hatte die Herrschaft übernommen. Es existierten jedoch verschiedene Führer in verschiedenen Provinzen. Politische Verhandlungen und Bündnisse waren nicht gefragt, es herrschte primär Waffengewalt. Während die Ashikaga-Regierungen immer noch Macht darüber gehabt hatten, wer sich in den Provinzen als Gouverneur installieren konnte, brachten sich die Daimyos der Sengoku-Zeit völlig unabhängig vom Shogunat in machtvolle Positionen, weil sie die ökonomischen und militärischen Mittel besaßen. So entstanden Splittergruppen, die sich gegenseitig Ländereien und Führungsgewalt streitig machten. Mit der Zeit beeinträchtigten die Kämpfe der Clans untereinander immer stärker die Bevölkerung. Die Bauern und Angehörigen der Kriegerklasse auf niedriger Ebene (niedrig-rangige Samurai) wurden unzufrieden.

Es beginnt die Zeit, in der **die unteren Klassen sich gegen die Herrschaftsklassen auflehnen**. In ihrem Streben nach Unabhängigkeit installieren sie im Süden zeitweise eine eigene Regierung. Im Norden beteiligen sich sogar Klöster und niedrige Adlige am Kampf gegen die herrschenden Gouverneure. Die bekannteste Vereinigung war die **Ikko-shu**, in der sich die Mönche mit

Bauern zusammentaten. Ihr schlossen sich immer mehr Handelstreibende und buddhistische Priester verschiedener Richtungen an. Sie waren nicht streng organisiert; es bildeten sich immer wieder lokale autonome Gruppen, die gegen die jeweils regierenden Gouverneure rebellierten.

Soweit man von einem Anführer der Ikko-shu reden kann, war es der **Mönch Rennyo**. Obwohl er Pazifist war, unterstützte er einen Teil der revolutionären Bewegung gegen die Machthaber, weil er die Tempelanlagen schützen wollte. Direkte Gewalt und grundlegende Rebellionen lehnte er ab. Trotzdem kam es aufgrund seiner Aktivitäten zur Beteiligung der Klöster an gewaltsamen Umstürzen. Das feudale System wurde in seinen Grundfesten erschüttert.

Die Provinzen wurden oft in Teilen angegriffen, sodass einige Distrikte beteiligt waren und andere nicht. Das führte zu einer **Zersplitterung des Landes**. Auch kämpften nicht immer dieselben Gruppierungen gegen die Obrigkeit, man bekämpfte sich zeitweise und lokal begrenzt auch gegenseitig. Viele große Ländereien hatten keinen Eigner mehr, weil der Provinzfürst vertrieben worden war, und wurden von Daimyos besetzt, die ihrerseits nach Gutdünken regierten. Die Bauern, die ihre Landwirtschaft weiterbetreiben wollten, hatten nun die mächtigsten Samurai als neue Herren, die sie zwar beschützten, aber auch Gehorsam und hohen Tribut verlangten. Andere Gruppen, die sich neu bildeten, hetzten die Bauern gegen die Samurai auf.

Die Ashikaga-Samurai gab es weiter, sie mussten sich jedoch bis in die Mitte des 16. Jahrhunderts dem mächtigen **Hosokawa-Clan** unterordnen, bis der sich seinerseits der Revolte seiner Vasallen unterwerfen musste. Es gelang aber gleichzeitig einigen anderen großen Familienclans, ihre Machtbereiche auszudehnen.

Trotz der unsicheren Zeit, in der die Menschen lebten, kam die Wirtschaft in manchen Bereichen voran, z. B. weil Festungsanlagen gebaut wurden. In dieser Zeit entstanden ca. 5000 Burgen. Auch der Tempelbau ging weiter.

Schiffe aus Europa

In den vierziger Jahren des 16. Jahrhunderts trafen die ersten **Schiffe aus Europa** ein, und mit ihnen **neue Waffen**. Die Daimyos rüsteten sich nun mit Musketen und schweren Geschützen aus. Die ersten Seefahrer, die in Japan landeten, waren **Portugiesen**. **Spanier und Niederländer** folgten in den nächsten Jahrzehnten. Die Waren, die sie brachten, führten zu lebhaftem Handel. Neben Feuerwaffen waren das Tabakwaren, Spielkarten, europäische Süßwaren sowie Gewürze und Brotsorten.

3. Lebensweise der Samurai

Erziehung der Jungen und der Mädchen

Die **männlichen Samurai** sollten bis zum letzten Atemzug kämpfen, in einer Auseinandersetzung als Sieger hervorgehen und Kriege überleben. In diesem Geist erzog man sie. Die Jungen lernten früh, Schmerz zu überwinden. Deshalb mussten sie bei jeder Witterung streckenweise ohne Schuhe laufen. Unterricht gab es bei buddhistischen Priestern, Schriftsprache erlernen war Pflicht. Spätestens ab dem sechsten Lebensjahr mussten sie mit Waffen hantieren. Körperliche Ertüchtigung stand ebenso auf dem Programm wie der Umgang mit Pferden. Selbstverteidigungskünste sollten zur Perfektion gebracht werden.

Mädchen erlernten ebenfalls Selbstverteidigung und den Umgang mit Waffen, wurden aber als Erwachsene nicht aufs Schlachtfeld geschickt. Einzelne Frauen beteiligten sich allerdings freiwillig an Kämpfen. Es gab einige Samurai-Frauen, die sich einen Ruf als grandiose Kämpferin erwarben. Dazu zählt **Gozen Hangaku** (12. Jahrhundert), die von zeitgenössischen japanischen Schriftstellern beschrieben und von Malern dargestellt wurde. Sie galt als „schön wie eine Blume und furchtlos wie ein Mann", und sie „schwang ihr Schwert im Kampf".

Während den Jungen ein hoher Bildungsstand vermittelt wurde, erzog man Mädchen primär zu einem Dasein als Mutter und treusorgende Ehefrau. Manche Frauen wurden Prostituierte, entweder freiwillig oder weil sie schon früh von ihren Eltern an ein Bordell verkauft wurden.

Sexualität und Prostitution

Prostituierte teilte man in verschiedene Leistungs-Kategorien ein, wobei auch der Bildungsgrad eine Rolle spielte. Eine gut verdienende Prostituierte hatte einen weit höheren Bildungsgrad als eine durchschnittliche Ehefrau. Außerdem gab es Entertainerinnen, die Geishas. Sie tanzten, sangen, sagten Gedichte auf und führten Tee-Zeremonien durch, bevor die Prostituierten ihre Dienste leisteten. Die Geishas hatten einen hohen Bildungsstand und beherrschten einen niveauvollen Gesprächsstil. Sie waren keine Prostituierten. Während die ersten Geishas Männer waren, ging der Beruf bald auf Frauen über. Von den Bordellbesuchen abgesehen, hatten die Männer, die es sich leisten konnten, meistens außereheliche Beziehungen.

Sexualität galt nicht als verwerflich; es gab auch keine Religion, die sie als Sünde verdammt hätte. Homosexualität unter Männern war bekannt und galt als normal. Päderastie war verbreitet und gesellschaftlich üblich. Sowohl Samurai wie buddhistische Mönche gingen als Jugendliche bei ausgebildeten Meistern in die Lehre, woraus oft homosexuelle Beziehungen entstanden.

4. Kultur

Theater

Im 14. Jahrhundert entsteht im Japan das **No-Theater.** Alle Darsteller sind männlich und spielen auch die weiblichen Rollen. Sie schauspielern und tanzen, und zwar unter musikalischer Begleitung. Um die dargestellte Person erkennbar zu machen, tragen sie Masken. Die Themen kommen vorwiegend aus der Literatur. Hauptfiguren sind Männer, Frauen, Götter und Fabelwesen, darunter auch Monster. Ein beliebtes Stück ist **„Lady Aoi"**, das das Schicksal der ersten Frau des Prinzen in den „Geschichten des Prinzen Genji" behandelt.

Die einzelnen Akte unterbrach man gern mit **Kyogen**. Das waren komödiantische Darstellungen, die ohne Maske vorgetragen wurden. Sie dienten zur zwischenzeitlichen Erheiterung. Wer zu einer Theatervorstellung ging, wurde nämlich stundenlang unterhalten, oft sogar einen ganzen Tag lang.

Anfang des 17. Jahrhundert entwickelt sich mit **Kabuki** die dritte Theaterform. Sie vereinigt Tanz und Musik mit dramatischen Themen und setzt Kämpfe mit echten Schwertern und wilden Szenen ein.

Die vierte Form, **Bunraku**, entsteht Mitte des 17. Jahrhunderts. Sie verwendet große Marionetten. 2005 wurde sie in die UNESCO-Liste der Meisterwerke des mündlichen und immateriellen Erbes der Menschheit aufgenommen.

Literatur

In der Muromachi-Zeit entstehen zwei Richtungen der Literatur. Die eine ist eine Prosa-Form und kann als Kurzgeschichte bezeichnet werden. Doch diese **Otogizoshi** werden **anonym** verfasst. Sie haben zahlreiche Themen, die sich meistens auf den Alltag beziehen. Man reiht sie in die Gattung der volkstümlichen Dichtung ein. Diese Erzählungen waren illustriert, womit die Comic-artige Literatur weiterentwickelt wurde. Trotzdem wurden sie gern vorgetragen, denn die Japaner liebten es, hingebungsvoll Gedichten und Geschichten zu lauschen.

Die zweite Richtung war eine lyrische Form mit der Bezeichnung **Renga**. Sie entwickelte sich im 13. Jahrhundert und wurde in den beiden folgenden Jahrhunderten immer beliebter. Aus ihr entstand der berühmte **Haiku**, den es heute in allen Erdteilen und den meisten Sprachen gibt. Es handelt sich um einen Vers, der sich nicht reimt und die kürzestmögliche Gedichtform darstellt. Im europäischen Sprachraum soll er aus höchstens 17 Silben bestehen.

Das Renga entstand aus dem kürzeren **Tanka**, das mit möglichst wenigen Zeilen eine präzise Aussage treffen sollte und nach einer vorgegebenen Anzahl von Silben gedichtet wurde. Das Renga war im Wesentlichen ein Tanka, doch es sind zwei Autoren beteiligt. Der Initiator formulierte die erste Zeile mit 5, die zweite mit 7 und die dritte mit 5 Silben. Diese Vorlage gab er an einen anderen Dichter weiter. Der fügte dann zwei Zeilen mit je 7 Silben hinzu. Beispiel (sinngemäß in deutscher Sprache):

Dichter 1:
Der Schnee bleibt liegen.
Die Bergspitzen sind neblig.
Ein Frühlingsabend.

Dichter 2:
Weit weg fließen die Ströme.
Davor liegt träumend ein Ort.

Ein Werk war dann vollendet, wenn 100 solcher Verse gebildet waren, die man aneinanderhängte.

Die Dichter machten sich häufig einen Spaß daraus, die ersten drei Zeilen so kompliziert oder sogar widersprüchlich zu gestalten, dass der nächste es schwer hatte, etwas Sinnvolles anzufügen. Wer seinen Ruf nicht riskieren wollte, musste sich etwas einfallen lassen. Das Vortragen der Rengas stand in der Beliebtheitsskala der literarischen Gattungen nämlich weit vorne. Das Dichten und Rezitieren war nicht nur am kulturell interessierten Kaiserhof eine Form sozialer Kommunikation, auch die Samurais, die Beamten und ganz normale Bürger widmeten sich dieser Unterhaltung.

Der berühmteste und verehrteste Renga-Dichter war **Iio Sogi (1421 – 1502).** Er war ein buddhistischer Mönch und Zen-Meister, der viel reiste und überall willkommen war. Von militärischen Größen bis zu Künstlern seiner Zeit achtete man ihn hoch. Außer ausgefeilten Rengas schrieb er Tagebücher sowie Kritiken und Studien zur Literatur.

Zen-Gartenanlagen

Zur Hochkultur entwickelte sich auch die japanische Gartenkunst mit Entstehung der typischen Zen-Gärten. Eine berühmte Gartenanlage entstand in Kyoto um die Tempelanlage **Ryōan-ji**, sie gehört heute zum UNESCO Weltkulturerbe. Geschaffen wurde sie von **Hosokawa Katsumoto,** dem Mitverursacher des Onin-Kriegs und Unterstützer von Ashikaga Yoshihisa.

In Zen-Gärten ist nichts zufällig arrangiert. Jede Pflanze, jede Wasseranlage und jeder Stein finden sich auf einer minutiös geplanten Stelle. Der Garten soll eine meditative Stimmung hervorrufen und dem Menschen helfen, zur Erleuchtung oder wenigstens zur inneren Einkehr zu gelangen. Deshalb befindet sich die Anlage in harmonischer Übereinstimmung mit der Natur und erzeugt zugleich selbst ein Stückchen perfekte Natürlichkeit.

Um eine spirituelle Atmosphäre zu schaffen, bedarf es nach Auffassung der Zen-Philosophie eines ästhetisch vollkommenen Arrangements der Elemente. Wasser ist unumgänglich, das Spiel des Winds auf der Oberfläche darf nicht fehlen. Ferner sind Steine und Felsstücke wichtige Bestandteile. Typische Pflanzen wie Japanische Kirsche und Ahornarten vervollständigen das Bild. Der Mensch soll in einem Zen-Garten Zufriedenheit und heitere Gelassenheit spüren und sich weder um die Vergangenheit noch um die Zukunft sorgen. Das gilt im größeren Maßstab auch für Landschaften. Daher boomt in dieser Zeit der Landschaftsgartenbau.

Parallel wurde die **Tuschmalerei** weiterentwickelt, die häufig Gärten, Landschaften und Motive aus der Natur darstellte. Außerdem waren religiöse Figuren beliebt.

Tee-Zeremonie

Ganz im Zeichen des Zen steht auch die Tee-Zeremonie, die **Sen no Rikyu (1522 – 1591)** ins Leben rief. Bis heute hat sie eine große Bedeutung für die japanische Kultur. Beim Zubereiten und Trinken von Tee geht es Rikyu um das Bewusstsein, mit dem dies getan wird. Man soll den Augenblick genießen und dabei alles andere vergessen. Der Mensch soll sich bewusst werden, dass er in der Gegenwart lebt und seine Sorgen um Vergangenheit und Zukunft ihn unglücklich und unzufrieden machen. Von Rikyu sind u. a. folgende Aussprüche (sinngemäß) überliefert:

- „Die Kunst des Tees, muss man wissen, ist nichts anderes, als Wasser kochen, Tee zubereiten und trinken."

- „Mit Tee ruft man im Sommer ein Gefühl von Kühle hervor, im Winter warme Geborgenheit. Man verbrennt Kohle und sieht das Wasser kochen, man macht Tee und sieht, dass er gut schmeckt. Es gibt kein anderes Geheimnis."

Rikyo nahm statt der teuren chinesischen Produkte japanische Teesorten. Er entwarf spezielle Teeschalen und -löffel. Das typische Tee-Ritual vollzieht ein Gastgeber für seinen Gast. Rikyu lehrte **vier Prinzipien** der Tee-Zeremonie, die bis heute Geltung in Japan haben:

1. Harmonie

Es entspricht der japanischen Kultur, den Zustand von Harmonie zwischen Menschen, aber auch zwischen Menschen und Natur und sogar zwischen Menschen und Dingen anzustreben. Das Schriftzeichen für „japanisch" ist dasselbe wie für „harmonisch". Es ist daher von großer Bedeutung, dass zwei Menschen in einer Tee-Zeremonie eine harmonische Begegnung erleben.

2. Respekt

Der Gast zollt dem Gastgeber mit wertschätzenden Worten Respekt dafür, wie achtsam er alles vorbereitet hat und durchführt. Der Raum wird vorher nach ästhetischen Gesichtspunkten und für genau diese Zeremonie gestaltet, z. B. durch eine bestimmte Verteilung von Schriftrollen und Blumen.

3. Reinheit

Der Gast ist gehalten, sich vor der Zeremonie die Hände zu waschen. Der Gastgeber reinigt in Anwesenheit des Gastes alle Gegenstände noch einmal, obwohl sie in gereinigtem Zustand bereitgestellt wurden. Beides hat vor allem die Bedeutung, sich seelisch und geistig auf die Zeremonie einzustimmen.

4. Ruhe

Die Tee-Zeremonie soll den Gast zu sich selbst führen. Die einfachen Dinge ermöglichen es, zum inneren Frieden zu finden. Das Einhalten der Prinzipien bringt Ruhe und Harmonie mit sich. Alle Komplikationen des Lebens spielen jetzt keine Rolle mehr. Das erleichtert das Erwachen im buddhistischen Sinn, wie überhaupt die unkomplizierten Dinge die Hinwendung zu Ruhe und Frieden fördern sollen, beispielsweise Blumen pflücken oder Holz bearbeiten.

Im Laufe der Zeit dehnte sich die Tee-Zeremonie aus und wurde anspruchsvoller als die einfache Variante Rikyus. Für ein Treffen gab es ein Empfangszimmer und den eigentlichen Zeremonienraum. Darin anderen Aktivitäten oder sogar Erwerbstätigkeit nachzugehen, war verpönt. Je nach Gast hielt man verschieden wertvolle Teesorten und Schalen bereit, hier war die gesellschaftliche Schicht und die politische Position ausschlaggebend. Es gab eine verantwortliche Person für die Vorbereitung, die über hohe Kulturtechniken verfügen musste. Allein für die Teeschale gab man eine Menge Geld aus, geschweige denn für Teekessel.

Als sich die europäischen Missionare Kenntnis über die Tee-Zeremonie verschafften, um bei Einladungen japanische Gäste vom Christentum zu überzeugen, versuchten sie alles so gut wie möglich zu imitieren. Sie waren jedoch der Überzeugung, dass es sich nur um reine Rituale handelte, die spirituelle Bedeutung erschloss sich ihnen nicht. Es sind Aussagen überliefert, in denen Missionare ihr Unverständnis äußern, Tee-Utensilien als Wertgegenstände zu behandeln, und meinen, so eine Trinkschale sollte man besser als Vogeltränke nutzen.

Die enorme Bedeutung der Tee-Zeremonie wird auch durch eine Begegnung zweier bedeutender Persönlichkeiten im 16. Jahrhundert deutlich. **Matsunaga Hisahide** war ein Daimyo und glühender Anhänger des Buddhisten Nichiren. Im Jahr 1565 sorgte er dafür, dass die Jesuiten aus Kyoto verbannt wurden. Er war ein grandioser Zeremonienmeister und befand sich im Besitz eines wertvollen Teekessels. Politisch hängte er sein Mäntelchen nach dem Wind und war mal für und mal gegen den mächtigen Feldherrn **Oda Nobunaga**, der gern fähige Tee-Meister engagierte und ihn deshalb oft einlud. Doch sie wurden schließlich zu Feinden. Nobunaga forderte von seinem Kontrahenten den exklusiven Teekessel. Matsunaga brachte ihn persönlich. Wohl wissend, dass der Feldherr ihm nach dem Leben trachtete, hatte er ihn mit Schießpulver gefüllt und sprengte sich mitsamt dem Kessel vor ihm in die Luft.

IV. Neuzeit

1. Azuchi-Momoyama-Zeit (1573– 1600)

Bürgerkrieg

Die Ära von 1200 bis 1600 war eine Zeit, in der innerhalb von Japan Aufstände und Kriegszustände herrschten, die nicht von außen verursacht wurden. Es gab außerdem Seuchen und lokale Hungersnöte. Besonders im 16. Jahrhundert verrohten die Sitten und es wurden barbarische Strafen verhängt. Die Samurai radikalisierten sich und schlossen sich in großen Teilen den Kämpfen gegen die oberen Klassen an. Japan zerfiel in viele Einzelteile, beherrscht von Daimyos, die als lokale Kriegsfürsten agierten.

Die buddhistischen Mönche hatten sich in den Kriegswirren mehr und mehr zu leistungsfähigen Kämpfern und regelrechten Kriegsmönchen entwickelten. Sie hielten sich nicht an das Gebot von Gewaltfreiheit. Die meisten Klöster sympathisierten immer stärker mit der einfachen Landbevölkerung. In den Jahren von Mitte des 14. Jahrhunderts bis zur Jahrhundertwende 1600 hatten einzelne regionale Kriegsherren die Macht inne, die sich teilweise gegenseitig bekämpften und teilweise Rebellionen gemeinsam niederschlugen. Die gesamte Situation stellte sich als **Bürgerkrieg** dar.

Der Kaiserhof bestand weiter, als eine Art traditioneller Faktor, den man nicht abschafft, nur weil er keine Funktion mehr hat.

Führende Persönlichkeiten

In dieser Situation gelang es drei Anführern, Japan zu einer Einigung zu bringen:

- Oda Nobunaga (1534 – 1582)

- Toyotomi Hideyoshi (1537 – 1598)

- Tokugawa Ieyasu (1543 – 1616)

Trotz ihres gemeinsamen Bestrebens nach einem geeinten Japan zeigten sie große charakterliche Unterschiede, die ein Lyriker in einem Gedicht beschrieb. Nobunaga wurde als jemand wahrgenommen, der, falls ein Kuckuck nicht mehr singen wollte, ihn töten würde, Hideyoshi als jemand, der versuchen würde, ihn wieder zum Singen zu bringen, und Ieyasu als jemand, der abwarten und den Kuckuck beobachten würde.

Oda Nobunaga

Oda Nobunaga war der Sohn eines Adligen und einflussreichen Regierungsbeamten. Trotzdem fühlte er sich seit früher Jugend zu den Bauern und unteren Schichten hingezogen, was ihm in seinen Kreisen den Spitznamen „Der Narr von Owari" (Owari war die Provinz, in der er lebte) einbrachte. Er war 16 Jahre, als sein Vater starb. Bei seiner Beerdigung schleuderte er Weihrauch auf den Altar. Dieses Verhalten widersprach so sehr dem strengen Ritual und Verhaltenskodex seiner Zeit und seines Standes, dass ein Mann, der seinem Vater sehr nahe gestanden hatte, aus Scham (dem heutigen „Fremdschämen") rituellen Selbstmord verübte.

Beim rituellen Selbstmord handelte es sich um **Seppuku**, im Deutschen **Harakiri** genannt, wobei man sich mit einem Schwert den Bauch so aufschlitzt, dass die Aorta getroffen wird. Diese Todesart wählten die Samurai, um ihre Ehre zu retten. Ende des 19. Jahrhunderts wurde sie verboten.

Oda Nobunaga musste sich die Vorherrschaft in seiner Provinz als Erbe des Oda-Clans erkämpfen. Zu seinen Gegnern gehörte auch sein Bruder, den er schließlich ermordete. Gegen seinen Hauptfeind, den mächtigen Imagawa-Clan, führte er einen Feldzug. Wissend, dass seine Armee sehr viel kleiner war als die feindliche, platzierte er Puppen an strategischen Punkten und täuschte so ein riesiges Heer vor. Zudem ließ er die Gegner mittels einer List in eine Schlucht treiben, wo er sie durch einen Hinterhalt besiegte.

Auch die letzten Herrscher der großen Saito-Familie besiegte er und rottete den Clan damit aus. Ein buddhistisches Kloster ließ er niederbrennen und Tausende von Mönchen und Nonnen töten, weil er den Buddhismus ablehnte und zum Christentum tendierte. Er hielte jedoch viel von Tee-Zeremonien und holte sich den berühmten **Sen no Rikyu** als Tee-Meister.

Dem ebenfalls mächtigen Tokugawa Ieyasu bot er erfolgreich ein Bündnis an, und einem Daimyo mit lokaler Machtposition gab er seine Tochter zur Frau.

Schließlich eroberte er 1568 Kyoto und versetzte damit dem **Ashikaga-Shogunat endgültig den Todesstoß**. Doch er selbst wurde von einem engen Vertrauten verraten, der die Seiten wechselte und ihn bekämpfte. Er wurde zum Harakiri gezwungen, um ehrenvoll zu sterben.

Toyotomi Hideyoshi

Leben

Nobunagas Tod wurde von Toyotomi Hideyoshi gerächt, und zwar in der **Schlacht von Yamazaki im**

Jahr 1582. Hideyoshi schlug den Täter und seine Armee und erweiterte sein eigenes Heer mit Nobunagas Truppen. Tokugawa Ieyasu war an dieser Hilfeleistung mit Aussicht auf mehr Macht ebenfalls interessiert, doch Hideyoshi wusste das und reagierte schneller. So erreichte er die Vorherrschaft über einen großen Teil Japans. Zusätzlich machte er sich zum Adoptivsohn des immer noch einflussreichen Fujiwara-Clans.

Hideyoshi wurde als Bauernsohn geboren. Mit seinem loyalen Auftreten und seiner außerordentlichen Intelligenz gelang es ihm, ein führender Samurai in der Armee von Nobunaga zu werden, was eine große Ausnahme an Standesdurchlässigkeit war. Zu dieser Zeit gab es keine Berufsarmee, sondern nur die gut ausgebildeten Samurai als Krieger, und nur die besten erreichten hohe Stellungen.

Um die Defizite seiner Herkunft auszugleichen, übte er sich im Dichten und Theaterspielen und pflegte die Tee-Zeremonie. Deshalb stellte auch er den **Meister Sen no Rikyu** in seine Dienste. Mit ihm zusammen organisierte er eine riesige Tee-Zeremonie mit Hunderten von Gästen. Doch eines Tages fing Hideyoshi eine respektlose Bemerkung auf, die ein Lieblingsschüler Rikyus äußerte. Er ließ ihn köpfen. Das Verhältnis zum Tee-Meister verschlechterte sich dadurch so sehr, dass Hideyoshi ihm befahl, Selbstmord zu begehen. So starb der große Zeremonien-Meister Rikyu mit 68 Jahren.

Sein Kopf wurde auf einem Brückenpfeiler zur Schau gestellt.

Neuerungen

Hideyoshi setzt das Bestreben nach der Einheit Japans fort. Dabei kämpft er zunächst gegen Tokugawa Ieyasu, verbündet sich aber schließlich mit ihm und erobert mit seiner Hilfe weitere Bezirke, darunter die wichtigen Inseln Shikoku und Kyushu.

Für die Bevölkerung erlässt der neue starke Mann Japans wichtige Bestimmungen. Er verbietet Landwirten, Händlern und Mönchen den Besitz von Waffen. Hierdurch will er weitere Zerstörungen des Bürgerkrieg-geschädigten Landes verhindern. Dann führt er rigoros das Vier-Stände-System, genannt **Shi-no-ko-sho,** ein. Es teilt die Menschen in den Schwertadel der Samurai, Bauern, Handwerker und Händler ein und fördert so eine neue feudale Struktur, die sich in den kommenden Jahrzehnten immer stärker durchsetzt.

Vereinzelt gibt es Bauernaufstände, die er alle niederschlagen und die Anführer hinrichten lässt, während er selbst in einem opulent ausgestatteten Palast in Kyoto residiert. Er lässt das Land vermessen und Kontrollpunkte schließen, wodurch er Handel und Transport fördert. Zudem bringt er die Erschließung von Bodenschätzen und die Münzprägung voran.

Imjin-Krieg (1592 bis 1598)

Die Reformen stoßen nicht nur auf Zustimmung. Um von innenpolitischen Unruhen abzulenken und gleichzeitig ein sichtbares Vermächtnis zu hinterlassen, rüstet Hideyoshi zum **Korea-Feldzug**, der als **Imjin-Krieg** in die Geschichte eingeht. Mit den modernen Arkebusen (eine Feuerwaffe), die die Portugiesen ins Land gebracht hatten, glaubt er einen leichten Sieg zu haben, zumal die Koreaner mit wenigen und noch dazu schweren Musketen kämpften. Er kann auch bis Seoul vordringen. Doch die Chinesen schicken Verstärkung. Verärgert fordert Hideyoshi eine chinesische Prinzessin für den japanischen Kaiserhof und die Teilung Koreas. Beides wird verwehrt. Die Japaner unterliegen schließlich, wenngleich die Koreaner erhebliche Verluste erleiden.

Die Japaner verschleppen einige koreanische Fachkräfte nach Japan. Außerdem schneiden sie den toten Feinden die Nasen ab, damit jede Heereseinheit den Tod von Feinden beweisen kann. Man hätte es mit Köpfen getan, doch das war zu aufwändig. Trotz der Niederlage im Krieg mit Korea startet Hideyoshi **1597 eine zweite Invasion**. Auch die gelingt nicht, und die Japaner ziehen ein Jahr später, als Hideyoshi stirbt, vollständig aus Korea ab.

Tokugawa Ieyasu

Hideyoshi hinterließ keine ehelichen Kinder. Seinen minderjährigen unehelichen Sohn hatte er vorsorglich Tokugawa Ieyasu anvertraut und ihm das Versprechen abgenommen, im Falle seines Todes für den Jungen zu sorgen und ihn zu beschützen. Nachdem er gestorben war, war es für Ieyasu einfach, die Regierungsgeschäfte zu übernehmen, da der Junge noch nicht alt genug dafür war. Er errichtete **eine Militärregierung**.

Doch er hatte Kontrahenten. Der gefährlichste war **Ishida Mitsunari**, ein Samurai und Militärkommandeur, der als hoher Beamter der Regierung Hideyoshi gedient hatte. Die Konflikte verschärften sich so sehr, dass es mit der **Schlacht von Sekigara im Jahr 1600** zu einer kriegerischen Auseinandersetzung kam. Mitsunari gelang es, eine findige Kriegstechnik anzuwenden, doch seine Verbündeten ließen ihn im Stich. Er unterlag Tokugawa Ieyasu, der seinen Kopf zur Abschreckung öffentlich ausstellte.

Diesen Sieg nutzte Ieyasu, um sich **1603 zum Shogun** ausrufen zu lassen und das Militär auszubauen. Traditionell konnte nur ein Nachfahre der Familie Minamoto diese Regierungsaufgabe erhalten. Er war eindeutig ein Nachfahre, und seine eigenen Nachfahren konnten in der Folge **über zweieinhalb Jahrhunderte lang** ihre Familienbesitztümer sichern und die Macht in Händen halten.

Einige Jahre später machte der nun erwachsene (uneheliche) Sohn Hideyoshis dem Shogun Ieyasu seine Position streitig. Doch das Rebellions-Bündnis, das er gründete, wurde niedergeschlagen und er selbst zum Harakiri gezwungen. So brach Ieyasu sein Versprechen, das er Hideyoshi gegeben hatte, nämlich seinen Sohn zu beschützen.

Christentum

Christliche Religion

Mitte des 16. Jahrhunderts kamen die Europäer erstmals auf dem Seeweg nach Japan. Sie brachten nicht nur Händler, sondern auch christliche Missionare mit, die zu verschiedenen Orden gehörten. Das kam daher, dass **Papst Alexander VI. die bekannten Länder der Welt zum Christentum bekehren wollte** und die Zuständigkeit dafür anteilig an Spanien und Portugal vergab, und zwar nach Längen- und Breitengraden. Bei Japan verlief allerdings ein Meridian quer durchs Land. So stritten sich die Jesuiten mit ihren christlichen Konkurrenten im fernöstlichen Land um die europäischen Befugnisse.

Nachdem die Japaner sich mit den portugiesischen Protagonisten gut verstanden hatten, verschlechterten sich die Beziehungen zu den Missionaren systematisch.

Vor allem als sie im Jahr 1600 von Niederländern über die päpstliche Einteilung der Welt in christliche Sektionen erfuhren, wurde das Christentum zum Feindbild. **Hideyoshi** hatte einige Jahre vorher schon ein Verbot der Religion erlassen, doch nun ließ er viele Christen hinrichten, und zwar Europäer wie Japaner.

In den Jahren **1637 und 1638** lehnten sich die Japaner im **Shimabara-Aufstand** (auf der Insel Kyushu) gegen die Christenbekämpfung auf. Auslöser waren extrem hohe Steuern, doch die Rebellen waren vorwiegend Christen und verbanden ihren Unmut bald mit dem Beharren auf Ausübung ihrer Religion. Die Regierung rief die Niederländer zu Hilfe, die Kanonen an Bord ihrer Schiffe hatten. Die Rebellenhochburg wurde von ihnen regelrecht gesprengt.

Danach setzte die Regierung kategorisch das **Verbot der christlichen Religion** durch. Außerdem verwies man alle Nicht-Japaner des Landes. Nur die niederländischen Kaufleute durften bleiben. Auch die Japaner selbst durften das Land einige Jahre lang nicht verlassen. Japan machte seine Außengrenzen dicht. Wer einen buddhistischen Tempel besuchte, musste seine persönlichen Daten einschließlich Religion nennen und damit dokumentieren, dass er kein Christ war.

Alessandro Valignano (1539 – 1606)

Einer der bekanntesten Missionare war der **Jesuit A-lessandro Valignano**. Er war für die Einführung des Katholizismus in Japan verantwortlich. 1580 gründete er ein Seminar zur Priesterausbildung, wofür er kurzerhand ein verlassenes buddhistisches Kloster besetzte. Er veranlasste seine Geistlichen, sich wie die Zen-Mönche zu kleiden, und übernahm die Tee-Zeremonie bis in Details, um die Japaner besser bekehren zu können. Damit hatte er Erfolg.

Sogar Daimyos, die sich seit langem als erbberechtigte Feudalherren etabliert hatten, wurden Christen. Dabei spielte eine Rolle, dass sie sich Teilhabe am gut laufenden Seidenhandel mit China versprachen, den Valignano geschickt an sich gezogen hatte. Zudem hatte er sich große Anteile an Importsteuern verschafft, sodass sogar der Hafen von Nagasaki fest in jesuitischer Hand war.

Der Geistliche brachte es mit seiner zuvorkommenden Art sogar zu Gesprächen bei der Regierung. Er sandte einige zum Christentum bekehrte Samurai als Diplomaten nach Europa, wo sie sowohl der Papst als auch der spanische König empfing. Bei seinem Tod gab es ca. 300.000 Christen in Japan.

Doch dann griffen die Maßnahmen des Shogunats von Tokugawa Ieyasu. Christen mussten ihrer Religion abschwören oder wurden getötet. Das Christentum durfte erst ab 1873 wieder legal praktiziert werden.

Essen und Trinken im 16. Jahrhundert

Die Europäer, die im 16. Jahrhundert nach Japan kamen, fanden dort eine andere Ess- und Trinkkultur als in ihrer Heimat vor. In ihren Berichten geben sie ihrer Befremdnis Ausdruck. Sie beobachteten, dass die Japaner wenig Fleisch aßen. Von den Hühnern, die sie hielten, aßen sie vorwiegend die Eier, aber kaum die Tiere selbst. Allerdings nahmen sie Fisch zu sich. Vor allem ernährten sie sich von **Reis und Hirse**. Als Abwechslung gab es Tofu, gewonnen aus Sojabohnen. Hiervon existierten Dutzende von Rezepten, von leicht bis kompliziert. Eins bestand darin, Tofu so lange zu einem Brei aus Kudzu-Pflanzen (eine Hülsenfrucht) hinzuzufügen, bis er sich auf der Kudzu-Stärke absetzt. Außerdem standen Mungosprossen auf dem Speiseplan. Dazu kamen Weizenkörner, die sie zu Brei verarbeiteten, denn das Brotbacken lernten sie erst von den Europäern. Zu den Importgütern zählten Süßkartoffeln und Kürbisse.

Die Japaner tranken kein kaltes, sondern nur **heißes Wasser**, das immer bereitstand. Die Europäer mussten erst lernen, dass Tee damit gemacht wurde, den man getrocknet oder pulverisiert in kostbaren Behältern aufbewahrte. Sie nahmen auch eine Spirituose, nämlich Arrak, zu sich, doch sie randalierten nicht, lieber gingen sie in angetrunkenem Zustand nach Hause. Taumelnde betrunkene Menschen sah man selten. Beim Essen saßen sie auf dem Boden, was den Europäern besonders fremd war, ebenso wie das Essen mit Stäbchen statt Besteck. Die einfachen Menschen nutzten Holz-, die reicheren Porzellanschalen statt Teller. Es gab Gasthäuser, in denen man essen, trinken und übernachten konnte.

2. Edo-Zeit (1600 – 1867)

Abschließung Japans

Die Edo-Zeit beginnt mit dem **Shogunat von Tokugawa Ieyasu**. Er verlegte die Regierung nach **Edo**, das **1868 zu Tokio** wurde. Damit wollte er gewährleisten, dass der Kaiserhof keinen Einfluss aufbauen konnte. Die Trennung brachte allerdings einen enormen finanziellen Aufwand mit sich, denn der Kaiserhof verzichtete nicht auf seine aufwändige Ausstattung, und die Shogun-Regierung brauchte Räume und Personal in Edo. Nach dem neuen Regierungssitz wurde die Edo-Zeit benannt.

Ieyasu schottete Japan von der Außenwelt ab. Lediglich die Niederländer, die nicht missioniert hatten und im Übrigen als Protestanten auch nicht dem Papst folgten, waren geduldet, außerdem noch Chinesen. Europäer, die ins Land kommen wollten, wurden abgewiesen, viele sogar getötet. Diese Politik, oft **„Abschließung Japans"** genannt, änderte sich erst mit dem Niedergang der Edo-Zeit und der erneuten Erstarkung des Kaiserhofs. Noch Ende des 18. Jahrhunderts weist Japan das Angebot der Russen zu Handelsbeziehungen zurück. Vereinzelt gelingt es Kaufleuten, mit

Teilen von China, Korea und den Einwohnern von Hokkaido (das zu dieser Zeit noch nicht von Japanern bevölkert war) zu handeln.

Eine Ausnahme von der Ablehnung nicht-japanischer Einflüsse bildete die Möglichkeit, sich mit Hilfe der Niederländer bzw. deren Sprache Kenntnisse aus Europa anzueignen. Das nannte man **Rangaku** (übersetzt: „aus dem Niederländischen lernen"), und es gab eine kleine Schule dafür. Im Hafengelände von Nagasaki war ein Handelsknotenpunkt der Niederländer erlaubt. Über solche Möglichkeiten gelang es einzelnen Japanern, Erkenntnisse aus westlichen Wissenschaften zu sammeln, vor allem aus Medizin, Militärwissenschaft und Geografie. Auch politische Theorien waren gefragt.

Ieyasu erließ die **Richtlinie Sankin-kotai**. Sie bestimmte, dass die Daimyos abwechselnd in ihrem Zuhause und im abgelegenen, bis zur Regierungserhebung unbedeutenden Edo lebten (das sich dann im Laufe der Jahrhunderte zu einer mächtigen Großstadt entwickelte). Meistens war der Wechsel halbjährlich vorgesehen. Die Angehörigen der Daimyos durften die neue Hauptstadt gar nicht verlassen.

Fundai-Daimyos

So entstanden die sog. **Fundai-Daimyos**. Sie mussten für den Verwaltungs- und Beamtenapparat der Regierung arbeiten und waren für die militärische Stärke der Regierung verantwortlich. Dafür erhielten sie Ländereien, über die sie verfügen durften, und bekamen zudem die Herrschaft über die dort arbeitenden Bauern übertragen. Diese Lehen nannte man **Han**. Doch die Gebiete, die landwirtschaftliche Erträge sicherten, gehörten ihnen nicht, sie waren daher direkte **Vasallen des Shogunats**. Um Macht ausüben zu können, waren sie vom Shogunat abhängig. Sie errichteten sich gut ausgestattete Residenzen in Edo und hatten Samurai in ihren Diensten, von denen viele wiederum in Kasernen lebten. **Die Fudai-Daimyos konnten ihren Stand vererben**. Es gab mehrere Familien, die zu Verlierern wurden, weil die Regierung sie in abgelegene Gebiete verbannte.

Das Shogunat hatte nun die Kontrolle über die wichtigsten Gebiete Japans und gleichzeitig über die innere Sicherheit, weil es die Daimyos in unmittelbarer Abhängigkeit hielt und aufkommende Unruhen im Keim erstickte. Obgleich die Daimyos ein fürstliches Leben führten, mussten sie ständig fürchten, in Ungnade zu fallen. Als regelrechte Geiseln dienten ihre in Edo festgesetzten Angehörigen, die mit dem Tode zu rechnen hatten, falls ihr Daimyo eine Rebellion wagen sollte.

Stände

In der Edo-Zeit verschärfte sich die **Einteilung in Stände** und deren gesellschaftliche Bewertung. An der Spitze des Staates und außerhalb jeglicher Klassenzugehörigkeit befanden sich der Kaiserhof und der gesamte Adel. Die oberste Klasse bildeten die hochgestellten Samurai, denen es gelang, ihre Stellung als gefragte Krieger zu erhalten. Danach kamen ortsansässige Bauern und Handwerker, während die Kaufleute am untersten Ende standen. Das kam daher, dass die Händler durch die Beschränkungen der Regierung zunehmend verarmten. So fielen die guten Handelsverbindungen zu Kambodscha, Birma (heute Myanmar) und Teilen Thailands aufgrund der Grenzschließungen weg.

Die unterste Schicht hieß **Burakumin** und bestand aus Menschen, die selbst oder deren Vorfahren mit „unreinen" Tätigkeiten Geld verdienten. Das betraf Bestatter und Schlachter, aber auch Gerber, weil ihr Verdienst mit dem Tod von Tieren zusammenhing. Diese Menschen lebten abgeschieden von den Ansiedlungen an fließenden Gewässern. Darüber hinaus gehörten Menschen, die durch die Gegend reisten und Waren anboten, sowie Prostituierte und Bettler zur untersten Ebene und wurden von den üblichen Wohngebieten ausgegrenzt. Die Überprüfung, ob jemand von diesen gesellschaftlichen Außenseitern abstammt, hielt sich inoffiziell bis in die Neuzeit, immer wieder praktiziert von Brauteltern und Arbeitgebern.

Das Image der Samurai wurde im Laufe der Edo-Zeit schlechter, ebenfalls aufgrund strenger Regulierungen. Ein Krieger, der seinen Feudalherrn oder Meister verlor, wurde „**Ronin**" genannt. Während er in früheren Zeiten einem neuen dienen, einen anderen Beruf wählen oder in eine andere Schicht einheiraten durfte, sollte er nun Selbstmord durch Harakiri begehen. So entstand eine Schicht von unerwünschten Ronin, die diskriminiert wurden, wenn sie weiterlebten. Daher verdingten sie sich als Söldner und Leibwächter, oder sie wurden Landstreicher und Straßenräuber. Auch entwickelten sie sich zu Geldeintreibern, Türstehern und Bandenmitgliedern.

Bushido-Kodex

Die speziellen Anforderungen an Samurai wurden **im Bushido-Kodex von 1615** festgehalten. Es waren Gerechtigkeitssinn, Mut, Mitgefühl (vor allem für den Herrn), Respekt (im Sinn von Höflichkeit), Integrität (im Sinn von Ehrlichkeit und Aufrichtigkeit), Ehre und Loyalität (im Sinn von Treue).

Der Punkt „Ehre" bezog sich sogar auf Familienmitglieder. Wenn ein Samurai etwas „Unehrenhaftes" getan hatten, beging oft seine ganze Familie Harakiri.

Wie es Samurai ergehen konnte und welchen unumstößlichen Stellenwert Treue für sie hatte, zeigt eine beliebte und heute noch verbreitete Erzählung aus dem Jahr 1701, die auf wahren Begebenheiten beruht und in zahlreichen Theaterstücken dargestellt wurde. Sie ist als **„Geschichte der 47 Ronin"** bekannt. Inhalt:

Die Feudalherren Asano und Kamei erwarteten einen Gesandten des Kaisers, worauf der Regierungsbeamte Kira sie vorbereitete. Der verhielt sich aber derart unhöflich, dass Kamei ihn töten wollte, um seine Ehre zu retten. Sein Samurai wusste, dass Kamei dann selbst sterben müsste. Deshalb sammelte er Bestechungsgelder für Kira, der sich daraufhin bei seinem nächsten Besuch gegenüber Kamei höflich benahm, aber äußerst respektlos gegenüber Asano. Nun zückte Asano das Schwert gegen Kira, um seine Ehre zu retten, traf aber nur die riesige Kopfbedeckung. Daraufhin empörte sich der herrschende Shogun und befahl Asano, Harakiri zu begehen. Nach seinem Tod konfiszierte man seine Ländereien und verteilte seine 47 Samurai. Diese taten sich trotzdem zusammen und versuchten, Kira zum Selbstmord zu bringen. Das misslang, und alle Samurai mussten nun Harakiri begehen.

Weltanschauung des Shogunats

Die strenge Einteilung in gesellschaftliche Schichten überwand einen Teil der Willkür, die die Feudalherren aufgrund ihrer Machtstellung ausüben konnten, und ging mit klaren Gesetzen und Regelungen einher. Der Bau von Burgen, der im 14. Jahrhundert eine Blüte erlebt hatte, wurde stark eingeschränkt und kontrolliert. Die Zeiten, in denen ein Provinzfürst (in der Regel ein Daimyo) mehrere Burgen bauen und besitzen durfte, waren vorbei. Viele dieser Gebäude wurden sogar abgerissen, denn wer die Burgen hatte, besaß auch die Befehlsgewalt über sein lokales Heer und schränkte so die Regierungsmacht ein. Das Shogunat sorgte für Infrastruktur-Maßnahmen und ließ auch in entlegene Teile Japans Straßen bauen. Es konnte nun im Auge behalten, ob seinen Anordnungen Folge geleistet wurde, weil Abgesandte diese Gebiete leicht erreichten. Statt der Burgen expandierten nun die Städte.

Die Regierung orientierte sich ideologisch am **Konfuzianismus**, wenngleich Shinto und Buddhismus fortbestanden und sich teilweise mit dem Konfuzianismus vermischten. Da die neue Staatsphilosophie auf die Lehre des **Konfuzius** zurückging, wird die japanische Richtung als **Neo-Konfuzianismus** bezeichnet. Die Regierung praktizierte die Seite des Konfuzianismus, die sich auf das **Verhältnis vom Einzelnen zum Staat** bezieht. Konfuzius sagte dazu sinngemäß:

„Alle menschlichen Beziehungen beinhalteten eine Reihe definierter Rollen und gegenseitiger Verpflichtungen. Jeder Teilnehmer sollte seine Rolle verstehen und sich ihr anpassen. Ausgehend von Individuum und Familie können Menschen, die richtig handeln, die Gesellschaft reformieren und perfektionieren. Nur wenn die Dinge untersucht werden, wird das Wissen erweitert. Nur wenn das Wissen erweitert wird, sind die Gedanken aufrichtig. Nur wenn die Gedanken aufrichtig sind, wird der Verstand korrigiert. Nur wenn der Verstand korrigiert wird, werden die Charaktere von Personen kultiviert. Nur wenn der Charakter gepflegt wird, werden unsere Familien reguliert. Nur wenn die Familien reguliert sind, werden die Staaten gut regiert. Nur wenn Staaten gut regiert sind, gibt es Frieden in der Welt."

In diesem Sinn legte das Shogunat Wert darauf, dass jeder Mensch einen Platz in der Gesellschaft hatte und Erfüllung durch eine Aufgabe im Leben fand. Das galt in beruflicher Hinsicht vorwiegend für Männer, da sich in der Edo-Zeit die Tendenz ausprägte, Frauen primär in der Hausfrauen- und Mutterrolle zu sehen. Die Regierung strebte eine grundlegend wohlwollende Einstellung gegenüber allen Bewohnern des Landes an. Ihre Richtlinie war, trotz ihrer Mächtigkeit human und verantwortlich zu handeln. Mit dieser Haltung setzte sie den Fokus auf die Fragen, wie das weltliche Leben, der

Zusammenhalt der Gesellschaft und das Glück des Einzelnen sich gestalten sollten. Religiöse Vorstellungen, die den Menschen nicht in einer sozialen Struktur sahen, wurden zurückgedrängt. **Tugenden, die heute noch als typisch japanisch gelten, wurden zu Maximen erhoben**:

- **Vertrauen und Gehorsam** gegenüber Autoritäten

- **Akzeptieren von Hierarchien** im weltlichen wie im religiösen Bereich

- **Übernahme von Verantwortung** für die Gruppe, und zwar im Kleinen wie im Großen, von der Familie bis zum Land

Mit diesen Verhaltensweisen entwickelte sich ein starkes Gefühl von **nationaler Identität**.

Entwicklung von Luxus

Im 18. Jahrhundert war die Zahl der Einwohner von Edo auf ca. 1 Million angestiegen. Andere Städte wuchsen ebenfalls an, Kyoto beispielsweise auf ca. 400.000 Menschen. Auch Osaka zählte zu den bedeutendsten Städten der Edo-Zeit. Obwohl stark auf den Binnenhandel beschränkt, wuchs die Wirtschaft. Beamte wachten über die Vergabe von Lehen und damit über die Ausdehnung von Ackerbau und Viehzucht und hatten einen guten Überblick über die bestehenden Handwerksbetriebe. Die Regierung der Tokugawa sicherte sich erhebliche Erträge durch Silber- und Goldminen.

Die reicheren Schichten meldeten Bedarf an **Luxusgüter** an. Das konnten die Tokugawa-Herrscher nicht verhindern, deren Philosophie des Konfuzianismus den Wohlstand in Familien nicht förderte. Vielmehr stärkten sie das Image der Landwirtschaft als den wahren Träger der Gesellschaft, da die Bauern die lebenswichtigen Ressourcen zur Verfügung stellten. Doch die Steigerung des Lebensstandards kam zu einem guten Teil durch die Kaufleute trotz ihres geringen Ansehens zustande, denn sie brachten den begehrten Konsum in Umlauf. Außerdem besetzten sie die ansteigende Geldwirtschaft und vergaben Kredite. Gleichzeitig entstanden die ersten **Banken**. Im Gegensatz zu den Samurai, die mit einem Lehen Naturalien erzeugten und dann für ihren Lebensunterhalt verkauften, befanden sich die

Händler zunehmend im Vorteil und steigerten ihren Gewinn.

Das **allgemeine Niveau an Lebensqualität stieg**, vor allem in den Städten. Die Zeit der zerstörten Gebiete und der chaotischen gesellschaftlichen Verhältnisse des 16. Jahrhunderts war deutlich überwunden. Das Lebensmittelangebot wurde vielfältiger, der Lebensraum dehnte sich aus, und die Produkte verbesserten sich qualitativ. Immer weniger Menschen waren Analphabeten. Die Japaner öffneten sich den Erkenntnissen der Wissenschaften, da der Neo-Konfuzianismus den Akzent auf das konkrete menschliche Leben im Hier und Jetzt setzte und die Erfüllung der menschlichen Existenz nicht vorwiegend im Nirwana suchte. Die Anzahl an Ärzten, Mathematikern und Astronomen stieg. In Produktionsprozesse floss Ingenieurswissen ein. Es entstanden Landkarten und Aufzeichnungen über die Himmelsgestirne.

Kulturelle Entwicklung

Chonindo

Diese Atmosphäre lieferte den idealen Grundstock für **kulturelle Entfaltung**, zumal nun – vor allem in den Städten – kontinuierliche, frei verfügbare Zeiträume entstanden, die man für seine persönlichen Bedürfnisse und Interessen nutzte. Man ging öfter ins Theater, widmete sich noch intensiver der Poesie, die ohnehin ein hohes Ansehen genoss, und machte Musik. In großen Städten richtete man Unterhaltungsviertel ein, in denen es Teestuben, Theater und Bordelle gab.

Diese Annehmlichkeiten konnten sich immer mehr Bürger leisten. Es entstand eine Kultur, die mit **Chonindo** bezeichnet wurde und so viel wie „Lebensform (oder Weg) des Chonins" bedeutet. Mit **Chonin** waren die Bürger der Städte, aber auch die Händler gemeint. Nun waren kulturelle Elemente auf höherem Level in einer größeren Menschenmenge angekommen und nicht mehr auf die Elite-Klassen beschränkt, wie es bei der Literatur-Welle der Heian-Zeit noch der Fall gewesen war. Die Städter suchten in ihrer Freizeit nach genüsslicher Unterhaltung auf gehobenem Niveau. Bushido-Qualitäten wie Fleiß und Leistungsbereitschaft standen genauso hoch im Kurs wie Eigenschaften, die der Neo-Konfuzianismus forderte. Wissensdrang und Bildung waren positiv besetzte Begriffe. Aus der Mischung ergaben sich enorme Fortschritte auf verschiedenen Ebenen, auch wissenschaftlich.

Mathematik

Im Bereich der Mathematik glänzt **Yoshida Mitsuyoshi (1598 – 1672)** mit seinem Rechenbuch **„Jinkoki"**. Er lehrt darin das Rechnen mit dem japanischen **Abakus**, dem sog. **Soroban**, erläutert mathematische Vorgänge, die im Alltag wichtig sind, wie die Errechnung von Zinsen und Preiskalkulationen, und gibt Hinweise auf die Berechnung von landwirtschaftlichen Flächen und Steuergeldern. Die Grundlagen für solche Rechenvorgänge zu haben gehört jetzt zum Berufsstand der Kaufleute, ist aber auch für die Bürger von Bedeutung. Denn in Japan gibt es noch keine einheitliche Währung. Es existieren auch noch Tauschformen in Gold wie in Silber und sogar in Kupfer. Auch Maß- und Gewichtseinheiten variieren. Wer z. B. als Edo-Bewohner in Kyoto einkauft, muss gut umrechnen können, um nicht betrogen zu werden.

Malerei und Holzschnitte

In der Kunst entwickelt sich eine Richtung, die sich **U-kiyo** nannte, was „Schwimmende Welt" bedeutet. Darunter fielen perfekt gearbeitete Holzschnitte, die man kunstvoll mit Lack überzog. Sie hießen **Ukiyo-e,** „Bilder der schwimmenden Welt". Es gab eine breite Palette von Motiven, vor allem weibliche Schönheiten, erotische Szenen, Geishas, Schauspieler, Reise- und Landschaftsbilder, Tiere, Pflanzen und Sumo-Ringer. Auch Situationen aus dem Alltag stellte man gern dar. Es entstand ein Genre für sexuelle Darstellungen, die **Shunga** genannt wurden, und für Szenen des Alltags, die **Manga** genannt wurden und sich später zu Comics weiterentwickelten.

Der berühmteste und schaffensfreudigste Ukiyu-e-Künstler, auf den auch die Mangas zurückgehen, ist **Katsushika Hokusai (1760 – 1848)**, der u. a. **„Die große Welle von Kanagawa"** malte. Seine Werke sind heute noch begehrt.

Lackarbeiten und Gemälde zierten auch Tabletts, Holzkisten, Dosen, Behälter aller Art und andere Alltagsgegenstände. Zudem wurde das Porzellan immer hochwertiger. Großartige Werke entstanden auf Fächern und Wandschirmen.

Ein berühmter Künstler war **Tawaraya Sotatsu (ca. 1570 – ca. 1640)**, der das meisterliche **Wandschirmpaar „Matsushima"** schuf. Er war der Begründer der sog. **Rimpa-Schule**, einer Malereiform, in der man die Leuchtkraft der Farben favorisierte und Gold- und Silberfarben eine große Rolle spielten.

Kano Masanobu (1434 – 1530) gründete eine eigene Schule für Malerei, die **Kano-Schule**, die zunächst in Kyoto ansässig war und dem Shogunat, von dem es viele Aufträge erhielt, dann nach Edo folgte. Sie war eng mit den Samurai verbunden und favorisierte Flora und Fauna als Motive. Ihre Maler schufen grandiose Werke auf Schiebetüren und Wandschirmen. Wer ein anerkannter Künstler werden wollte, studierte in der Kano-Schule.

In der Edo-Zeit schreiten technische Entwicklung und Arbeitsteilung fort. Daher gibt es nicht nur den Künstler, der das Kunstwerk entwirft, sondern auch den Drucker, der es druckt, und den Verlag, der es vertreibt.

Literatur

In der Edo-Zeit erlebte die Literatur eine Blütephase. Sie brachte einen der größten japanischen Dichter, **Matsuo Basho (1644 - 1694)**, hervor. Zu seinen Werken zählen Reisetagbücher, Essays und Lyrik. Er führte den Haiku zur Vollendung. Seine Nähe zum Zen-Buddhismus ließ ihn viele Erkenntnisse formulieren, die durch ihre Einfachheit zum Nachdenken anregen sollen. Zu seinen Aussprüchen gehören (sinngemäß):

- „Lerne, darauf zu hören, wie die Dinge für sich selbst sprechen."

- „Mache das Universum zu deinem Begleiter, wobei du immer die wahre Natur der Dinge – der Berge und Flüsse, der Bäume und Gräser und des Menschseins - im Sinn behältst, und erfreue dich an den fallenden Blüten und den umherflatternden Blättern".

- „Eine Flöte ohne Löcher ist keine Flöte."

Es entstanden große Dramen. **Chikamatsu Monzaemon (1653 - 1725)** gilt heute noch als einer der größten japanischen Dramatiker, er schrieb zeitgenössische Stücke für die beiden vorrangigen Theaterformen Bunraku und Kabuki. In beiden Darstellungsarten geht es um zeitgenössische Schicksale, einschließlich Selbstmord. Beispielsweise wird in beiden Formen die „Geschichte der 47 Ronin" gezeigt. Durchschnittliche Bürger und niedrig-rangige Samurai bekommen erstmals wichtige Rollen in Bühnenstücken, Helden sind weiterhin gefragte Figuren.

Theater

Bunraku-Theater

Im Bunraku-Theater treten Puppen auf. Waren sie bis zum 17. Jahrhundert noch hand- und fußlos, produziert man sie später aufwändig, mit gut ausgearbeiteten Kopf und Gliedmaßen. Sie tragen zeitgenössische Kleidung. Die professionelle Handhabung der Puppen, die zwischen einem halben und über einem Meter groß sind, muss erlernt werden. Die Geschichte wird gesungen, begleitet von Musik. Ein einziger Sänger nimmt die Rollen aller Figuren ein und vermittelt die verschiedenen Charaktere durch Änderungen in der Stimme.

Kabuki-Theater

Das Kabuki-Theater, ein Tanzdrama, lebt von Tänzen, Pantomime und dramatischen Handlungen. Jetzt gibt es für jede Rolle einen Darsteller.

Der Ursprung liegt in der **Tanzeinlage einer buddhistischen Tänzerin**, die **1604 i**m ausgetrockneten Flussbett des Kamo, der durch Kyoto fließt, eine Eigenkreation darbot. Sie baute Bewegungsabläufe aus einer buddhistischen Zeremonie aus, spielte zusätzlich auf der Flöte und trommelte. Außerdem fügte sie erotische Gesten hinzu. Das kam bei den Zuschauern so gut an, dass sich bald sog. Kabuki-Gruppen bildeten, die sich ebenfalls im Flussbett präsentierten. Wegen der erotischen Einlagen wurde dieser Name gewählt, der „schockierend" bedeutet.

Die Kabuki-Gruppen bestanden zum größten Teil aus Frauen, von denen wiederum viele Prostituierte waren. Sie nutzten die Darstellung als Reklame für ihr Gewerbe. Man nannte sie „Frauenkabuki" und in höheren Kreisen „Flussbett-Prostituierte". Bald etablierten sie sich in den städtischen Vergnügungsvierteln. Das gefiel dem Shogunat nicht, weil es eine so offene Bewerbung der Prostitution für gesellschaftlich unangebracht hielt. **Im Jahr 1629 untersagte es den Auftritt von Frauen auf der Bühne.**

Die Theaterleute wussten sich zu helfen. Um Frauenrollen darzustellen, engagierte man besonders gut aussehende junge Männer. Nun hießen die Gruppen „Kabuki für junge Männer" und die Männer „weibliche Rollendarsteller". Doch zum Ärger des Shogunats fanden auch die Männer es ganz normal, die Aufführungen als Angebot von sexuellen Dienste zu nutzen, und zwar an beide Geschlechter. Deshalb gab es im Jahr **1652 eine Verordnung, dass nur noch ältere Männer im Kabuki-Theater auftreten durften,** und auch nur mit Halbglatze.

Diese Maßnahme führte zur kulturell hochwertigen Kabuki-Darstellung. Die Stücke wurden nicht mehr von den Darstellern erfunden, die vor allem anderweitig ihr

Geld verdienten, sondern von Literaten geschrieben. Ab Ende des 17. Jahrhunderts kommen ernsthafte und künstlerisch wertvolle Stücke auf die Bühne. Das Publikum erweist sich als kritisch. Wenn ihm die Darbietung nicht zusagt, wirft es Sitzkissen auf die Bühne.

Das Theater macht jetzt das Schicksal von Menschen aus allen sozialen Schichten zum Thema. Das kommt bei den Städtern an. Die Dramaturgie entwickelt sich weiter. Beispielsweise wird eingebaut, dass nicht ein Schauspieler, sondern ein Bühnenarbeiter die Rolle des Mörders übernimmt, indem er urplötzlich in die Szene platzt und jemanden erdolcht, wodurch das Publikum heftig erschrickt. In späteren Jahrhunderten kommen Einflüsse aus dem Ausland hinzu und entwickeln die Theaterform weiter, aber jahrelang verschwinden die Aufführungen auch wieder aus dem Programm. In der heutigen Zeit ist das Kabuki-Theater, wie das Bunraku-Theater, ein wichtiger kultureller Bestandteil und Anziehungspunkt für Touristen – entsprechend modern angepasst.

Wirtschaftliche Entwicklung

Die Kaufleute wurden immer reicher, die unteren Samurai dagegen immer ärmer. Der Handel innerhalb Japans florierte auch deshalb, weil viele Menschen Geld für Freizeitvergnügen und Luxus ausgaben. Das lief den Beschränkungen, die die Shogunat-Regierung der Tokugawa aufgrund ihrer Weltanschauung der Genügsamkeit favorisierte, entgegen. Das Idealbild des fleißigen Bauern, der die Grundlagen der Gesellschaft liefert, fruchtete nicht mehr und stand der kommerziellen Verteilung der Güter durch Händler entgegen. Das Shogunat hatte seinerseits einen umfassenden, Kontrolle ausübenden Beamtenapparat aufgebaut, der Gelder verzehrte. Anfang des 18. Jahrhunderts lebten ca. 30 Millionen Menschen in Japan, sie hatten sich im vorangegangen Jahrhundert erheblich vermehrt.

Es gab Dürreperioden, in denen es zu **Hungersnöten** kam, zwischen 1670 und den 30er Jahren des 19. Jahrhunderts immer wieder. Sie trafen vor allem die Bauern, die unzufrieden wurden. In der gleichen Zeit gab es daher mehr als 30 **Bauernaufstände**, die alle rigoros niedergeschlagen wurden. Alle Anführer verurteilte man zum Tode. Vereinzelt kam man mit Verringerung der Abgaben den Bauern entgegen, auf denen die meisten Steuern lasteten. Beispielsweise mussten sie für Töchter, Feldwirtschaft und manche Baumarten zahlen. Beim Eintreiben der Steuergelder gab es Willkür und Korruption. Während der gesamten Edo-Zeit existierte gleichzeitig der Kaiserhof mit der Kaiserfamilie und Dutzenden von Aristokraten und deren Angehörigen weiter, die Unterhalt beanspruchten, ohne eine gesellschaftlich produktive Rolle einzunehmen.

Gleichzeitig gab es gesellschaftliche Umbrüche. Verarmte Familien zogen in die Städte, während ihre ehemaligen Ländereien von reicheren Menschen übernommen wurden, die schnell eine neue, reiche Schicht von Landeignern bildeten. Andere Landbesitzer wiederum verarmten zu Pächtern. Wohlhabende Eigentümer konnten Arbeiter einstellen. Viele Samurai verloren durch diese Prozesse ihre Herren und mussten sich als Lohnarbeiter verdingen. Wer Glück hatte, konnte ein Handwerk ausüben.

Um 1830 nahmen Naturkatastrophen und Hungersnöte stark zu. Im Jahr **1837 rebellierten die Bauern** einen Tag lang gegen den Beamtenapparat und die Händlerschicht in Osaka. Daraufhin entstanden in der Bevölkerung verschiedene Strömungen, von der Forderung, das Shogunat zu stürzen, über den Ruf nach Rückkehr der Kaisermacht bis zur Forderung, dem Luxus etwas entgegenzusetzen. Es wurden auch Stimmen laut, den Kontakt zu ausländischen Mächten noch mehr einzuschränken.

Bakumatsu-Zeit (1853 – 1868)

Isolation

In der ersten Hälfte des 19. Jahrhunderts befand Japan sich weiterhin in einer gewollt isolierten Position. Die Tokugawa-Regierung kontrollierte jeden Handel mit anderen Nationen durch eng gefasste Regulierungen. Westliche Wissenschaften und Religionen waren verpönt, nur chinesische Einflüsse wurden geduldet. Wissenschaftler, die ausländische Ideen verbreiteten, wurden verfolgt. Gleichzeitig versuchte die Regierung inoffiziell und unauffällig, für sich selbst von westlichem Gedankengut zu profitieren.

Man hielt die meisten Länder der Erde (bis auf China) für eigenartige Gebilde, deren Einfluss in Japan unerwünscht war. Lediglich Europa brachte man ein wohlwollendes Interesse entgegen. Immer wieder trafen ausländische Schiffe an den japanischen Küsten ein. Man befragte sie nach ihren Wünschen und schickte sie dann wieder weg. Den westlichen Mächten erteilte man auf ihre Anfragen nach Handel und Aufenthaltsgenehmigung ihrer Kaufleute grundsätzlich Absagen.

Erschließung Japans

In dieser Situation trifft am **8. Juli 1853 der Commodore Matthew Perry** von der US-Marine im Hafen von Tokio ein, und zwar mit vier Schiffen der Flotte. So demonstriert er, dass Amerika ohne weiteres in der Lage wäre, seine Forderungen militärisch durchzusetzen. Die japanische Regierung weiß, dass das Geschwader nur ein kleiner Teil der amerikanischen Flotte ist. Aus Angst vor dem US-Militär lässt sie sich auf Verhandlungen mit Amerika ein. Das Resultat ist ein **Handelsvertrag**, sodass nun amerikanische Handelsschiffe in japanischen Häfen anlegen dürfen.

Die japanische Bevölkerung reagiert erschüttert. Die „schwarzen Schiffe" (wie man Schiffe aus der westlichen Welt nannte) der Amerikaner, die sich so dreist im Hafen verankerten und denen die Regierung offenbar nichts entgegenzusetzen hatte, entfachen eine Atmosphäre von starkem Nationalbewusstsein.

Doch in den Folgejahren kommt es nicht nur zur Erweiterung der **Verträge mit den USA,** sondern auch zu **Abkommen mit Großbritannien, Frankreich, den Niederlanden und Russland.**

Sie alle führten ihre militärische Überlegenheit ins Feld und zwangen Japan zur **Kooperation beim Handel und Aufnahme ihrer Bürger im Land**. Nagasaki, Osaka und andere Städte mussten ihre Häfen öffnen und ausländischen Mächten Rechte gewähren, sodass nun einige Nationen Zugang zu den japanischen Märkten hatten. Diplomaten erhielten Aufenthaltsrechte, Auslandsresidenzen wurden errichtet. Dabei unterlagen die Ausländer nicht dem japanischen, sondern dem Rechtssystem ihres Heimatlandes.

Die Verträge wurden allerdings zuungunsten Japans abgeschlossen. Ein Beispiel ist **der Harris-Vertrag von 1858 mit den USA**, benannt nach dem amerikanischen Unterhändler Townsend Harris. Darin wurden u. a. Zölle zum Nachteil Japans festgelegt und der Zugang amerikanischer Handelsschiffe zu den größten japanischen Häfen gesichert. Die westliche Welt war weit höher industrialisiert und militarisiert als Japan und nutzte diesen Vorteil aus. Es gab sogar Überlegungen, Japan zu kolonisieren.

Erdbeben

Zur allgemein unsicheren Situation kamen Krankheiten, teilweise von den westlichen Kaufleuten und Soldaten eingeschleppt, und Naturkatastrophen. Anfang November **1855 gab es ein Erdbeben** mit Schwerpunkt in Edo. Mehrere tausend Todesopfern waren zu beklagen, ca. 65.000 Gebäude wurden zerstört, darunter viele Tempelanlagen. Das Rotlichtviertel Edos wurde ein vollständiges Opfer der Flammen. Ein Wassergraben verhinderte die Rettung Dutzender Menschen. Bordellbesitzer hatte ihn um das Viertel gezogen, um von ihnen gekaufte Prostituierte am Entfliehen zu hindern. Das Erdbeben entzog vielen Menschen die Grundlage ihrer Existenz. Krisengewinner waren in den Folgejahren Handwerker, die den Wiederaufbau tätigten, Kaufleute und freie Prostituierte.

Schwächung des Shogunats

Die völlig neue gesellschaftliche Situation der plötzlichen, erzwungenen Öffnung nach außen schwächte das Shogunat beträchtlich. Die 60er Jahre des 19. Jahrhunderts verliefen entsprechend instabil. Es gab **politische Unruhen, Aufstände und viele gewalttätige Auseinandersetzungen.** Mehrere Interessenverbände mit unterschiedlichen Zielrichtungen entwickelten sich. Viele Samurai waren an den Aktivitäten beteiligt. Es gab Gruppen, die gegen, und welche, die für ein Wiederaufleben der Kaiserherrschaft waren. Zu den unterschiedlichen Forderungen gehörten Parolen wie „Verehrt den Kaiser, verjagt die Barbaren (gemeint waren die Ausländer)", „Vereinbart das japanische Denken mit der westlichen Wissenschaft" und „Wir fordern Aufklärung und Offenheit". Das Shogunat geriet unter starken Druck, vor allem, weil es immer noch ausländerfeindlich eingestellt war. Die Regierung versuchte nun, das eigene Militär zu stärken, und etablierte eine Marineschule.

Ansei-Säuberung

Unter vielen Gewalttätigkeiten kam es zur sog. **Ansei-Säuberung (1854 – 1856, Ansei ist eine Zeiteinheit im japanischen Kalender)**. Der hochgestellte Regierungsbeamte **Ii Naosuke** hatte den Harris-Vertrag verhandelt. Nun kämpfte er für den Erhalt des Shogunats und gleichzeitig für eine Öffnung gegenüber den ausländischen Nationen. Um seine Gegner auszuschalten, ließ er zahlreiche Regierungsbeamte und Adlige gefangen nehmen oder ermorden. Das führte dazu, dass seine Gegner ihn schließlich ebenfalls umbrachten.

Mito-Schule

Ein Beispiel für eine starke ideologische Bewegung in der Bakumatsu-Zeit ist die **Mito-Schule**. Der Name Mito entstammt einer Linie des Tokuwaga-Clans. Gegründet von **Tokuwaga Mitsukini (1628 – 1701)**, der ein beachtliches Geschichtswerk schrieb, vereinigte sie die meisten bestehenden weltanschaulichen Strömungen in sich. Ein Anhänger ging so weit zu sagen, die Denkschule wäre zugleich für und gegen den Buddhismus, den Konfuzianismus und den Shintoismus.

Der Mito-Gelehrte **Aizawa Seishisai (1782 – 1863)** verhalf mit seinen Thesen dazu, dem Shogunat den Todesstoß zu versetzen. Er verurteilte das Christentum besonders heftig und verbreitete eine Lehre, nach der die Kaiserfamilie direkt von der Sonnengöttin abstammte. Von den Handelsgütern bis zu den Glaubenssystemen des Westens hielt er alles für eine große Bedrohung Japans. Er rief zum Kampf gegen die „Barbaren" (gemeint waren die Ausländer, besonders die westlichen) und ihre Wertvorstellungen auf. Die radikalsten Anhänger der Mito-Schule wollten sogar ein Weltreich errichten, das unter der Führung des Yamato-Clans stehen sollte, den sie für göttlich hielten. Die westlichen Mächte sollten von der richtigen Ideologie überzeugt und in das Reich integriert werden.

Boshin-Krieg

Die Rufe nach einem starken Kaiserreich verstrickten den Hof immer stärker in die Auseinandersetzungen. Schließlich kam es zum Krieg zwischen den Anhängern des Tokugawa-Shogunats mit Sitz in Edo und dem Heer des Kaisers mit Sitz in Kyoto. Im **Boshin-Krieg von 1868 bis 1869** kämpfte das Shogunat hauptsächlich mit traditionellen Samurai und deren Ausrüstung, aber auch mit Feuerwaffen der deutschen Waffenhändler Edward und Henry Schnell. Die Kaisertruppen (in denen ebenfalls Samurai kämpften) hatten moderne Waffen, importiert aus den imperialistischen Staaten, die in Japan Fuß gefasst hatten.

(Imperialismus im Sinne von Aktivitäten, die ein Staat ausführt, um in anderen Ländern ökonomischen und politischen Einfluss zum eigenen Vorteil zu gewinnen, wobei es im äußersten Fall zur Kolonialisierung oder Übernahme des fremden Landes kommt).

Die Niederlage des Shogunats begann mit der Flucht des Shōguns **Tokugawa Yoshinobu**, der zwar mitkämpfte, aber seinen Rückzug aus der Regierung vorher schon verkündet hatte. Das demoralisierte die Truppe, und das wichtige Gebiet von Osaka fiel an den Kaiserhof. In der entscheidenden **Schlacht von Toba-Fushimi (27. Januar - 31. Januar 1868)** wurde das Shogunat vernichtend geschlagen.

Im **Mai 1869** umzingelten die Kaisertruppen Edo, angeführt von **Saigo Takamori.** Das Shogunat kapitulierte bedingungslos. Die Westmächte erkannten die Regierung des Kaisers als rechtmäßig an. Obwohl die siegreichen Truppen für eine Öffnung gegenüber ausländischen Mächten gekämpft hatten, verfolgten und ermordeten sie viele Ausländer noch eine ganze Zeit; die Stimmung im Land war großenteils ausländerfeindlich.

Edo wurde in **Tokio** (Bedeutung: „Hauptstadt im Osten") umbenannt. Die Edo-Zeit war beendet. Eine völlig neue Zeit mit vehementen Veränderungen setzte ein.

V. Moderne

1. Meiji-Zeit (1868 – 1912)

Rechte der Samurai

Zu den ersten Taten des neuen Machtzentrums, also des Kaiserhofs mit seiner Regierung, gehörte, die **Rechte der Samurai einzuschränken**. Sie durften ihre Schwerter nicht mehr mit sich führen und ihre traditionelle Frisur – einen Haarknoten, den man heute Dutt nennt – nicht mehr tragen, beides traf ihre Ehre schwer. Zudem strich man die finanziellen Zuwendungen, die sie als Kriegerklasse vom Shogunat erhalten hatten.

Saigo Takamori (1828 – 1877)

Saigo Takamori, der siegreiche General der Kaisertruppen und mittlerweile Teil der Führungsriege, regte eine Invasion und Annexion (feindliche Übernahme eines anderen Landes in das eigene Staatsgebiet) Koreas an. Einerseits, weil er davon ausging, dass andere Mächte es sonst taten und er dann keine Chance mehr hatte, und andererseits, um den Samurai eine kriegerische

Ablenkung zu gewähren und sie so zu besänftigen. Als er sich damit nicht durchsetzen konnte, legte er seine politischen Ämter nieder und machte eine Schule für traditionsbewusste Samurai auf. Doch die meisten Samurai verarmten. Wer Glück hatte, fand eine Erwerbstätigkeit.

Saigo Takamori, der sich als Einzelkämpfer und dem starren Klassensystem zum Trotz aus der Familie niederer Samurai ganz nach oben gearbeitet hatte, stellte sich an der Spitze des Aufstands der unzufriedenen Samurai, der sog. **Satsuma-Rebellion.**

Im **September 1877 kam es zur Schlacht von Shiroyama**. Hier kämpften die Samurai mit ihren traditionellen Schwertern gegen die mit Kanonen und Gewehren ausgerüsteten Regierungstruppen. Viele Samurai-Krieger fielen durch Schüsse, bevor ein Nahkampf möglich war. Die Samurai-Kavalleristen wussten, dass sie nichts mehr retten konnten, und ritten, ihre Unterwerfung präsentierend, vor den kaiserlichen Soldaten im Kreis. Diese waren moralisch kaum in der Lage, gegen die Respekt gebietenden, tapferen Samurai vorzugehen.

Die Regierungstruppen gingen als überlegene Sieger aus diesem letzten Gefecht der Samurai hervor. Doch die Samurai-Krieger mit ihrer hohen Moral und ihrer Treue bis in den Tod blieben für alle Zeiten ehrenvoll im Gedächtnis Japans verankert.

Saigo Takamori wurde schwer verletzt. Um eine unehrenhafte Gefangennahme zu verhindern, bat er einen Krieger, ihn zu köpfen. Andere Berichte besagen, dass er Harakiri praktizierte. Viele seiner Zeitgenossen wollten seinen Tod nicht wahrhaben und hofften, er würde eines Tages aus dem Ausland zurückkehren. Die Regierung begnadigte ihn schließlich posthum, um die Bevölkerung zu beruhigen, die ihn im Nanshu-Schrein der Hafenstadt Kagoshima als Kami verehrte. Saigo war eine Inspiration für den Film „Der letzte Samurai".

Kaiser Meiji (1852 – 1912)

Herkunft

Kaiser Meiji (Geburtsname Mutsuhito), war der Sohn von **Kaiser Komei (1831 – 1867).** Komei hatte zwar selbst keine Machtposition mehr innegehabt, stellte sich jedoch gegen die Politik des Shogunats. Der Versuch einer Einigung war gescheitert, obwohl Komei seine Schwester mit dem Shogun Tokugawa Iemochi verheiratete. Als er starb, vermutete man einen Mordanschlag dahinter, weil er immer noch eine gütliche Einigung zwischen Kaiserhof und Shogunat anstrebte. Das ist jedoch nicht hinreichend belegt.

Komei war der letzte Kaiser, dem man nach seinem Tod einen Kaisernamen gab, ab seinem Sohn tat man das im Vorhinein. **Der Kaiser-Name ist von da ab identisch mit der Herrschaftszeit des Kaisers.** Aus diesem Grund heißt es Meiji-Zeit (Bedeutung: „Zeit der erleuchteten Regierung"). Die Ansprache des Kaisers war immer „Kaiserliche Majestät" oder „Majestät der Gegenwart". Die Zeit des Kaisers Mutsuhito (Meiji) wurde „Aufgeklärte Herrschaft" genannt.

Meijis Mutter namens Nakayama Yoshiko war eine Konkubine Komeis, deren Mutter wiederum die Tochter eines Regierungsberaters war. Sie musste ihren Sohn im Haus ihrer Großeltern zur Welt bringen. Alle Frauen des Kaiserhofs mussten außerhalb gebären, weil eine Geburt in dieser Zeit als unrein galt.

Heirat

Nach dem Tod seines Vaters hatten die Regierungsbeamten die 18jährige **Ichijō Masako** (später Kaiserin Shoken genannt) für Meiji ausgesucht. Er konnte sie wegen seiner Minderjährigkeit von 15 Jahren erst zwei Jahre später heiraten. Die sehr intelligente Frau, die im Kindesalter schon Gedichte schrieb, erhielt als Erste den **Titel „Kaisergattin"** und spielte eine repräsentative Rolle in Japan. Das Paar hatte zwar keine Kinder, doch Meiji brachte es auf 15 Kinder von 5 Konkubinen.

Übernahme der Regierung

Als erste gravierende Amtshandlung verlas Meiji für Japan ein Schriftstück, das er anschließend an die wichtigsten ausländischen Mächte versandte. Darin verkündete er,

- dass das Shogunat seine Regierung an den Kaiserhof abgegeben hatte,

- dass er nun als Kaiser für alle inneren und äußeren Angelegenheiten Japans verantwortlich zeichnete,

- dass alle existierenden Verträge hinsichtlich der Unterschrift entsprechend zu ändern wären,

- dass er für außenpolitische Fragen Regierungsbeamte ernannt hatte.

hatte, konnte sich dagegen nicht mehr wehren und gehörte nun **für immer der Vergangenheit** an.

Meiji suchte Kontakt zur Bevölkerung. Er reiste nach Tokio, wo vormals das Shogun-Gericht getagt hatte, und versorgte die Bewohner großzügig mit Sake. Er besuchte die Marine und versprach ihr Aufstockung. An Sitzungen der Beamten seiner Regierung nahm er nicht häufig, aber regelmäßig teil.

Die **Domänen**, in denen die Daimyos geherrscht hatten, wurden unter Meiji abgeschafft, das Land musste zurückgegeben werden. Japan wurde in **Präfekturen** aufgeteilt. Die meisten Daimyos entschädigte man. Wer auf der kaiserlichen Seite gekämpft hatte, bekam einen einträglichen Gouverneursposten.

Die strenge Einteilung in Stände wurde aufgelöst. Damit gab es keine Samurai-Kriegerklasse mehr, so dass die Samurai mangels Privilegien und Berufsausübung weiterhin verarmten, und natürlich wuchsen keine mehr nach. Die unterste Gesellschaftsschicht (Burakumin) durfte offiziell nicht mehr ausgegrenzt werden, was jedoch faktisch weiterhin geschah.

Edikt an das Volk

1890 veröffentliche Meiji ein Edikt, gerichtet an das Volk, mit dem er seine Untertanen auf die Herrschaft des Kaiserhauses einschwören und die letzten Anhänger des Shogunats bekehren wollte. Sinngemäß hieß es darin:

„Unsere kaiserlichen Vorfahren haben unser Kaiserreich auf einer breiten und ewig gültigen Basis aufgebaut, in der Tugendhaftigkeit fest verankert ist. Die Anmut, die darin wohnt, haben unsere Untertanen von Generation zu Generation gezeigt und waren dabei immer in Treue und Frömmigkeit miteinander verbunden.

So zeigt sich Ehrenhaftigkeit als fundamentaler Charakter der Kaiserherrschaft, und darin liegt auch die Quelle unserer Erziehung.

Ihr, unsere Untertanen, sollt euch euren Eltern gegenüber respektvoll, euren Geschwistern gegenüber liebevoll, als Eheleute harmonisch und als Freunde wahrhaftig verhalten. Übt euch in Bescheidenheit und Maßhalten. Dehnt eure Fürsorge auf alle aus, lernt beständig und pflegt die Künste, entwickelt so eure intellektuellen Fähigkeiten und fördert die Moral. Fördert das Gemeinwohl und allgemeine Interessen. Respektiert die Verfassung und befolgt die Gesetze. Sollte eine Notlage entstehen, so bietet dem Staat mutig eure (Militär-)Dienste an. Bewahrt auf diese Weise die Blüte unseres Kaiserthrons, der gemeinsam mit Himmel und Erde besteht.

Ihr sollt nicht nur unsere guten und treuen Untertanen sein, sondern auch die Traditionen eurer Vorfahren sichtbar leben. Was ich euch hier aufzeige, ist die Lehre unserer kaiserlichen Vorfahren, die von den Untertanen befolgt werden soll. Sie ist unfehlbar und immer und überall richtig. Wir möchten, gemeinsam mit euch, unseren Untertanen, zu dieser Tugendhaftigkeit stehen.“

Meiji setzte seine Vorstellung in die Praxis um, indem er z. B. die **Schulpflicht** einführte.

Rolle des Kaisers

Trotz der Re-Installation der Kaiserherrschaft erfüllte der Kaiser in der Meiji-Zeit im Wesentlichen eine **repräsentative Rolle**. Bei den öffentlichen Auftritten war die Ehefrau Shoken an seiner Seite. Das Paar wollte als zeitgemäße Familie wahrgenommen werden, die erfolgreich ausländische Ideen integriert. Beispielsweise kleidete es sich in westlicher Manier.

Ob Meiji alle politischen Entscheidungen seiner Zeit mittrug, ist unklar. Er war ein introvertierter, feingeistiger und kultivierter Mensch, der sogar den zukünftigen Präsidenten der USA, Roosevelt, stark beeindruckte. Er schrieb hochklassige Lyrik. Beispiele sind sinngemäß:

- **Eine Kiefer auf einem Felsen**
  Gleichgültig, wie rau und stürmisch die Welt auch werden mag, wünsche ich mir, dass die Herzen der Menschen so stabil und in sich ruhend bleiben mögen wie die Wurzeln der Kiefer auf dem Felsen.

- **Die Welle**
  In einem Moment erscheint sie stürmisch, aber im nächsten ruhig. So sehr gleicht die Welle des Ozeans der menschlichen Gesellschaft.

Meiji-Verfassung

Im Jahr **1889** gab Japan sich eine Verfassung, die als **Meiji-Verfassung** in die Geschichte einging und aufgrund derer **die erste asiatische parlamentarische Regierung** zustande kam. Großen Anteil am Zustandekommen der Verfassung hatte **der erste Premierminister Japans, Ito Hirobumi (1841 – 1909).**

Es gab nun **politische Parteien** und eine **unabhängige Justiz**. Die Verfassung setzte der kaiserlichen Gewalt Grenzen, doch sie war nicht so klar formuliert, dass diese Grenzen immer erkennbar waren. Daher kam es in der Regierung immer wieder zu Streit. In der Verfassung hieß es u. a. sinngemäß:

- Das japanische Imperium wird immer vom Kaiser regiert. Der kaiserliche Thron wird an männliche Nachkommen vererbt. Der Kaiser ist heilig und unantastbar. Er ist das Oberhaupt des Reichs und hat die Staatgewalt gemäß der Verfassung inne. Er übt die gesetzgebende Gewalt unter Zustimmung des Reichstags aus.

- Die Voraussetzungen, ein japanischer Bürger zu sein, sind gesetzlich festgelegt. Untertanen können gemäß den Gesetzen in zivile und militärische Ämter berufen und in der Armee und der Marine eingesetzt werden. Sie sind steuerpflichtig. Kein Japaner darf festgenommen, inhaftiert, vor Gericht gestellt oder bestraft werden, es sei denn, es entspricht den Gesetzen.

Nun war der Weg frei für eine **konstitutionelle Monarchie**, also eine Staatsform, in der es neben dem Monarchen eine Verfassung gibt, sodass keine absolute Herrschaft des Monarchen möglich ist und ein allgemeingültiges Gesetzeswerk existiert. Doch verwirklicht war sie noch nicht.

Die Macht lag zum großen Teil bei den sog. Genros, die in der Meiji-Zeit am Kaiserhof installiert wurden. Ein **Genro** war ein Berater des Kaisers, der hohe Positionen innehatte und u. a. den Premierminister vorschlug. Bei den Regierungsentscheidungen waren die Genros die mächtigsten Männer, die das Militär, die politische Ausrichtung der Regierung und die wirtschaftlichen Prozesse kontrollierten und steuerten.

Die **Meiji-Verfassung** ließ dem Kaiser immer noch erhebliche Machtbefugnisse, abgesehen davon, dass sie ihn als **gottgleich** festschrieb. Gleichzeitig teilte sie die Regierung in **zwei Kammern** ein.

In der **oberen Kammer** saßen Adelige und Mitglieder, die vom Kaiser berufen wurden; sie besaßen ein lebenslanges Mitgliedsrecht. Die neuen Adeligen rekrutierten sich aus den bisherigen Adelsgeschlechtern. In der **unteren Kammer** saßen Abgeordnete, die gewählt wurden. Allerdings erfüllten nur ca. 5 % der Bevölkerung die Voraussetzungen für das Wahlrecht. Man musste männlich sein und einen Mindeststeuersatz zahlen, was entsprechende Einkünfte oder Privateigentum voraussetzte.

Grundlegende Neuerungen

Knowhow aus dem Ausland

Wirtschaftlich und politisch trat Japan in eine völlig neue Epoche ein. Hatte man sich vor einigen Jahrzehnten noch völlig abgeschottet, ließ man nun **ausländisches Knowhow** ins Land. Von Technikern bis zu Professoren holte man Berater nach Japan. Alte Handelsbeschränkungen wurden aufgehoben. Man importierte, was man brauchte, beispielsweise Kohle für die Industrie.

Vieles aus dem westlichen Kulturkreis hielt Einzug in den japanischen Alltag. Man trug westliche Mode und verwendete westliche Kosmetik- und Körperpflege-Produkte. Bildung wurde gefördert. Man übernahm die **Maßeinheiten des Dezimalsystems** aus dem Westen und auch die Datenangaben des **Gregorianischen Kalenders**.

Wissenschaft und Technik entwickelten sich, auch durch Hinzuziehen westlicher Quellen, aber nie unter Aufgabe der originär japanischen Grundhaltung. Es gab viele Reisen in die USA und nach Europa, um von dort zu lernen. Die Japaner verstanden es gut, **wertvolles Wissen anderer Staaten in ihr eigenes System zu integrieren**. Höfliche Formalität und gute Manieren blieben gefragt.

Die Hinwendung zum Westen fand nicht nur Freunde. Es entstanden Generationenkonflikte, weil die ältere Bevölkerung an der Tradition festhalten wollte. Hinsichtlich der Religion gab es nach wie vor nur wenige Christen, aber immer mehr Anhänger des Shintoismus.

Industrialisierung

In der zweiten Hälfte des 19. Jahrhunderts werden die Grundlagen für die japanische industrielle Revolution gelegt. **Ab 1870 gibt es ein Ministerium speziell für Industrie**. Es stärkt die wirtschaftliche Entwicklung und fördert die ökonomische Kraft des Landes. Private Unternehmen haben eine gute Chance, vor allem das verarbeitende Gewerbe wächst. Da die Regierung eine Bodenreform durchgeführt hatte, wodurch viele Menschen jetzt über Privatbesitz verfügen, und mittlerweile ein Bankensystem existiert, gibt es viele Betriebsgründungen.

Im Jahr **1871** wird der **Yen als Währungseinheit** eingeführt. Nun entstehen Industriekomplexe. Es sind verzweigte Familienbetriebe, vergleichbar einer Art Holding, die **Zaibatsu** (sinngemäß: Clan mit Vermögenswerten) genannt werden. Ein Beispiel ist Mitsubishi. Um die Jahrhundertwende befindet Japan sich vollständig im Prozess der **Industrialisierung**. Es ist in der Textilproduktion international ganz vorn; auch in der Schwerindustrie wird es zum Konkurrenten, beispielsweise für seinen großen Nachbarn China. Eisenbahnen und Binnenschifffahrt sorgen für den Transport von Menschen und Gütern.

Die Städte wuchsen enorm an. Die Bodenreform hatte den ärmsten Bauern die Lebensgrundlage entzogen. Sie wanderten in die Städte, wo es nun einen großen **Bedarf an Arbeitskräften in den Fabriken** gab. Dort beschäftige man auch viele Frauen, deren Rolle man ansonsten primär in der Haushaltsführung und Kindererziehung sah, zu Niedriglöhnen. Die Lebensqualität in der urbanen Umgebung sank.

In der Regierung gab es eine Menge Konflikte, viele Wahlen und auch Attentate. Daraus resultierten Unsicherheiten in der Bevölkerung. Doch die Grundhaltung, gegenüber Autoritäten loyal und gehorsam zu bleiben, verhinderte Rebellionen. Zudem sorgte die immer noch einflussreiche Mito-Schule für die Verbreitung einer Ideologie des nationalen Zusammenhalts.

Erster Japanisch-Chinesischer Krieg (August 1894 bis April 1895)

Die Regierung machte auch noch den letzten Schritt zum imperialistischen Staat. Sie baute ihr Heer aus und schuf eine schlagkräftige Marine, beides nach westlichen Vorbildern. Jetzt hieß der Slogan: **Reiches Land, starkes Militär**. Japan warf ein Auge auf Korea, das China großenteils bereits unter Kontrolle hatte.

Es kam zum **Ersten Japanisch-Chinesischen Krieg.** Die Japaner siegten klar und relativ rasch. Sie verfügten dank der Öffnung zum Westen über die besseren Waffen, während die Ausrüstung der Chinesen veraltet war. Das Land, das vor wenigen Jahrzehnten noch selbst befürchten musste, zur Kolonie zu werden, errang die Vorherrschaft auf der koreanischen Halbinsel. China wurde im **Vertrag von Shimonoseki** verpflichtet, Korea die offizielle Unabhängigkeit zu gewähren, sodass die Japaner dort keine Konkurrenz mehr hatten. Außerdem musste es die Insel Formosa (das heutige Taiwan), die es bis auf wenige Ureinwohner kontrollierte, an Japan abtreten, ebenso wie die Pescadores-Inseln (die heutige Inselgruppe Penghu, zwischen Taiwan und China gelegen) und die Liaodong-Halbinsel. Japan bezahlte seinen Sieg allerdings mit einem Verlust von ca. 350.00 Soldaten, während China weit weniger Kämpfer verlor.

Japanisch-russischer Krieg (Februar 1904 bis September 1905)

Japan expandierte weiter. 1986 hatte Russland ein Bündnis mit China (gegen Japan gerichtet) geschlossen, in dem es China erlaubte, die russische Transsibirische Eisenbahn durch die Mandschurei bis nach Wladiwostok zu verlängern.

1903 hält Russland eine Zusage, seine Truppen aus der Mandschurei abzuziehen, jedoch nicht ein. Nun will Japan verhindern, dass Russland Dominanz über die strategisch und ökonomisch (z. B. wegen der Bodenschätze) wichtige Mandschurei sowie über Korea erhält, und erklärt Russland den Krieg, der teilweise auch in Korea ausgetragen wird.

Japan siegt überlegen, der Krieg endet mit dem **Vertrag von Portsmouth**. Er garantiert Japan seinen Einfluss in Korea, spricht ihm das südliche Sachalin (die größte Insel Russlands) zu und überlässt ihm die Hafenstadt Port Arthur am Gelben Meer in China. Diese Stadt war im 1. Japanisch-chinesischen Krieg an Japan gefallen. Japan gab sie aber auf Druck des Deutschen Reichs und Frankreichs an China zurück, das sie daraufhin an Russland verpachtete, was wiederum den Unmut Japans hervorrief. Durch diese und weitere Verflechtungen waren europäische Länder am Kriegsgeschehen beteiligt, sodass **der Sieg Japans auch einen Sieg über europäische Mächte** bedeutete. Das war ein Novum im asiatischen Raum.

Im Jahr 1910 annektierte Japan Korea, das bis 1945 japanische Kolonie blieb und ökonomisch enorm ausgenutzt wurde.

Rasante Entwicklung

Japan entwickelte sich von der Machtübernahme bis zum Tod von Kaiser Meiji **von einem isolierten Staat mit halbfeudalen Strukturen zu einer marktwirtschaftlichen, imperialistischen Macht**, und zwar in einer Geschwindigkeit, die einzigartig in der Welt ist.

Künstlerisch gab es eine Weiterentwicklung in Sachen Holzschnitte, die sich großer Beliebtheit erfreuten. Meister dieses Faches waren beispielsweise **Toyohara Chikanobu**, der die Darstellung des Kaiserhofs liebte, und **Utagawa Hiroshige III.**, dem es Eisenbahnen und Bahnhöfe angetan hatten.

2. Taisho-Zeit (1912 – 1926)

Taisho-Tenno

Nach dem Tod Kaiser Meijis wurde sein Sohn **Yoshihito (1879 – 1926)** nach den Vorgaben der Thronfolge der 123. Kaiser (Tenno). Seine Mutter war eine Konkubine seines Vaters, oder, wie man offiziell sagte, eine „Dame des Schlafgemachs". Das Konkubinat wurde nämlich nicht verheimlicht, sondern war üblicher Bestandteil der kaiserlichen Herrschaft. Der Tradition entsprechend erkannte die Kaiserin ihn als eigenen Sohn an. Er erhielt den Namen **Taisho-Tenno** (Bedeutung: „große Gerechtigkeit").

Prinz Yoshihito kommt mit einer Körperbehinderung zur Welt und erkrankt wenige Wochen nach seiner Geburt an einer Hirnhautentzündung. In der Schule offenbart sich bald seine Lernschwäche und er besucht schließlich eine Sonderschule. Während er sportliches Geschick zeigt und gern reitet, fehlt es an Abstraktionsvermögen.

Führende Politiker bestehen darauf, dass er ab dem 17. Lebensjahr an den Sitzungen des Parlaments teilnimmt, um rechtzeitig alles über die politischen Verhältnisse des Landes zu erlernen. Meiji verheiratet ihn mit (der späteren) **Kaiserin Teimi** (Bedeutung: „erleuchtete Konstanz"), die er wegen ihrer Intelligenz, ihres würdevollen Auftretens und guter Umgangsformen ausgewählt hat, um die Defizite seines Sohnes auszugleichen. Trotzdem ärgert er sich immer wieder über unpassende Bemerkungen, die der Thronfolger bei wichtigen Anlässen unversehens äußert. Yoshihito schafft es schlussendlich, sich einigermaßen angemessen mit Diplomaten zu verständigen, und bringt es ansonsten zu vier Söhnen.

Doch als er im Jahr 1913 die neue Parlamentsperiode feierlich eröffnen soll, macht er aus seinem Redekonzept eine Papierrolle. Statt zu sprechen, studiert er durch das behelfsmäßige Fernrohr schweigend die Anwesenden. Von diesem Vorfall an beschränkt man seine Auftritte auf die äußerste Notwendigkeit. Ende des Jahres **1921** beschließt die Regierung, dass er wegen seiner Krankheit entmachtet werden muss. Man macht seinen Sohn **Hirohito**, den späteren Kaiser, zum Staatsoberhaupt.

Gesellschaftliche Entwicklung

Erster Weltkrieg (1914 – 1918) und die Folgen

Der urteilsunfähige Taisho-Tenno kann nicht angemessen handeln, was während der Zeit des Weltkriegs besonders schlimm ist. Seine Berater dürfen offiziell nicht herrschen, und der Kaiser weiß nicht, auf wen er hören soll. So wird der Kaiserhof geschwächt, und die Tendenz zur Demokratie erstarkt, was sich bis in die Zeit nach dem Weltkrieg auswirkt.

Japan war in den Krieg zwar nicht stark involviert, schloss sich aber dem Kampf gegen Deutschland an, in dem sich Großbritannien, England und Russland engagierten. Als Sieger über die Deutschen erhielt Japan, festgelegt im **Vertrag von Versailles (1919),** das Gebiet Kiautschou mit der Hauptstadt Qingdao (ein Inselgebiet im Osten Chinas), das der Kaiserhof Chinas an das Deutsche Reich verpachtet hatte. So erwarb Japan einen strategisch günstigen Punkt für seine Marine. Weiterhin gerieten die Insel-Gruppe Marianen, die Karolinen-Inseln und Teile der Marschall-Inseln unter japanische Kontrolle (alle drei kamen nach dem 2. Weltkrieg teilweise unter US-Herrschaft oder wurden unabhängig).

Es gab den Wunsch, in den Versailler Vertrag aufzunehmen, dass **alle menschlichen Rassen gleich sind**. Das geschah auf Widerstand von Australien, Großbritannien und den USA nicht. So war es für die USA kein Problem, einige Jahre später ein Gesetz zu erlassen, das Einwanderung aus dem ostasiatischen Raum verbot, weil man keine (weiteren, da es bereits schwarzhäutige Menschen gab) nicht-weißen Rassen im Land haben wollte. In einem Gerichtsurteil von 1922 begründete der Oberste amerikanische Gerichtshof die **Ablehnung der Staatsbürgerschaft für einen Japaner** damit, dass er keine weiße Hautfarbe hatte. In den USA (und anderen Teilen der hochentwickelten Welt) sprach man nun vermehrt von der **„gelben Gefahr",** worunter Japan fiel, weil es sich eine unübersehbare erfolgreiche Wirtschaft sowie ein Gesellschaftssystem aufgebaut hatte, das man ganz sicher nicht mehr kolonisieren konnte.

Japan beteiligt sich **1920 an der Gründung des internationalen „Völkerbundes"**, der sich der Erhaltung des Friedens in der Welt verschreibt und aus dem später die **Vereinten Nationen** hervorgehen.

Wirtschaftliche und politische Entwicklung

Nach dem Krieg entwickeln sich sowohl die Industriebetriebe als auch die Bankensysteme weiter. Die familienbetriebenen Zaibatsu erstarken ebenfalls. Die Bevölkerung vermehrt sich, die Besiedelung der Städte wird deutlich dichter. Es entsteht eine ausgeprägte Arbeiterschaft, von der große Teile unzufrieden sind. In Russland kommt es 1917 zur Oktoberrevolution, in der die Kommunistische Partei mit dem Anspruch, die Arbeiterschaft zu vertreten, die Regierung übernimmt. Davon angespornt, gibt es in Japan **1918 mehrere „Reisaufstände" in Japan**, in denen Menschenmassen gegen die hohen Reispreise protestieren. Der Ruf nach mehr Demokratie wird immer lauter, vor allem Studenten und Intellektuelle engagieren sich dafür. Die ersten Gewerkschaftsbewegungen entstehen, politische Parteien fordern größere Beteilung an den Entscheidungsprozessen der Regierung und weniger Steuerlast. 1922 gründet sich eine kommunistische Partei, die bis zum Ende des 2. Weltkriegs größtenteils im Untergrund agiert. Doch die Wirtschaftskraft steigt, und mit ihr der Lebensstandard für viele Bürger.

Erdbeben von Kanto

**Im September 1923 kommt es zu einer Naturka-
tastrophe** mit Folgen, die an den Grundfesten des politischen Systems rütteln. Kanto, eine Region rund um
Tokio, wird von einem Erdbeben erheblichen Ausmaßes
erschüttert. In wenigen Sekunden brechen fast alle Gebäude in Yokohama, einem Ballungszentrum in diesem
Gebiet, zusammen. Defekte Gasleitungen verursachen,
dass bald alles brennt. Nun folgt ein **Tsunami** und er-
fasst vorwiegend die Stadt Kamakura an der Sagami-
Bucht. Die ärmeren Stadtteile sind sofort zerstört, die
Wasserversorgung bricht zusammen. Es entstehen
auch hier zahlreiche Feuer, viele davon durch offene
Kochstellen. Insgesamt müssen weit über hunderttau-
send Menschen ihr Leben lassen, ca. 550.000 Gebäude
brechen zusammen. Viele Menschen, die sich etwas
aufgebaut hatten, standen vor dem Nichts.

Amakasu-Vorfall

Die Katastrophe führte zu **chaotischen, unkontrollierbaren Verhältnissen**. Es gab Gerüchte, dass Regierungsfeinde, Ausländer und Kriminelle für die Brände verantwortlich wären. Bürgerwehren bildeten sich, die zahlreiche Koreaner, Chinesen und Burakumin (Angehörige der untersten Schicht) als vermeintlich Schuldige ermordeten. Doch auch politisch Andersdenkende fand man unter den Toten.

So entdeckte man auch die Leiche von **Sakae Osugi**, der als Regierungskritiker bekannt war, zusammen mit den Leichnamen seiner Freundin und seines kleinen Neffen. Alle waren gefoltert und dann in einen Brunnen geworfen worden. Der Haupttäter, **Leutnant Amakasu Masahiko** von der Militärpolizei, die man wegen der außergewöhnlichen Zustände eingesetzt hatte, wurde zu zehn Jahren Haft verurteilt. Das Ereignis fand unter dem Stichwort **„Amakasu-Vorfall"** Erwähnung in den großen Zeitungen der Welt. Viele vermuteten, dass Japan die schreckliche Naturkatastrophe ausgenutzt hatte, um sich kritischer Personen zu entledigen. Auch die Japaner selbst waren entsetzt über die Tat.

Bereits nach drei Jahren entließ man Amakasu wieder und versetzte ihn in ein anderes Gebiet.

Taisho-Demokratie

Unter dem Druck des wachsenden Aufruhrs schafft die Regierung das Zensuswahlrecht ab und führt das **allgemeine Wahlrecht für Männer** ab 25 Jahren ein. Die Frauen erhalten erst 1947 das Wahlrecht; heute haben beide Geschlechter ab 20 Jahren das aktive und ab 25 Jahren das passive Wahlrecht.

1918 übernimmt mit **Hara Takashi (1856 – 1921)** erstmals ein Politiker das Amt des **Premierministers**, der nicht aus Adelskreisen kommt. Gewerkschaften erreichen erste Erleichterungen der Arbeitsbedingungen. Wegen dieser demokratischen Tendenzen nennt man die Taisho-Zeit auch **„Taisho-Demokratie"**.

Aufgrund anhaltender Unruhen erlässt die Regierung **1925 ein Gesetz zur Aufrechterhaltung der öffentlichen Sicherheit.** Antikapitalistische und antinationale Bestrebungen sollen damit unterbunden werden. Darin heißt es sinngemäß:

- Wer Gruppen bildet oder wissentlich an solchen teilnimmt, die zum Ziel haben, das System des Privateigentums zu leugnen oder das japanische Nationalwesen abzulehnen, wird zu einer Freiheitsstrafe bis zu zehn Jahren verurteilt.

- Wer versucht, dieses Verbrechen zu begehen, wird ebenfalls bestraft. Auch wer sich an Gesprächen beteiligt, die solche Ziele haben, wird bestraft, ebenso jeder, der Handlungen zum Erreichen solcher Ziele initiiert (bis zu sieben Jahren Haft).

- Wer die Absicht hat, solche Ziele zu erreichen, und Straftaten auslöst, die zu Unruhen, Gewalt gegen Menschen, Körperverletzung, Sachschäden oder zur Todesfolge führen, wird mit bis zu zehn Jahren Haft verurteilt.

Mit diesem Gesetz wurden neben staatsfeindlichen auch kritische Ansätze im Keim erstickt.

Frauenbewegung

In den ersten Jahrzehnten des 20. Jahrhunderts entwickelte sich in Japan parallel zur Gründung von liberalen und sozialistischen Vereinigungen die Frauenbewegung. Beispielhaft wird hier **Hiratsuka Raicho (1886-1971)** vorgestellt. Geboren als Hiratsuka Haru, gab sie sich den Künstlernamen **Raicho**, dessen Bedeutung man sowohl als den mythologischen Donnervogel wie auch als das existierende Alpenschneehuhn interpretieren kann.

Raicho besucht zunächst die Grundschule, die für Jungen und Mädchen verpflichtend ist. Ihre darauf folgende höhere Schulbildung ist ihr zu langweilig, zumal die moralischen Lektionen das weibliche Rollenbild als gute Hausfrau und Mutter vermitteln. Sie gründet eine Gruppe mit der Bedeutung „Piratenbande", in der man alternative Möglichkeiten für weibliche Lebenswege diskutiert. Den Besuch der Hochschule erlaubt der Vater, ein höherer Beamter, nur, wenn sie das Fach Hauswirtschaft belegt. Das tut sie, obwohl sie Englisch studieren wollte. Ihren Lebensunterhalt verdient sie dann als Stenografin und Privatlehrerin für englische und chinesische Literatur.

Sie gibt eine feministische Zeitschrift heraus, in der Frauen neben Literatur und Politik Themen wie weibliche Sexualität, Verhütung und Abtreibung diskutieren. Einige Ausgaben werden verboten. Zudem gründet sie den Verein **„Gesellschaft der Blaustrümpfe"** (der Begriff „Blaustrumpf" kam im 19. Jahrhundert als diskriminierende Bezeichnung für Frauen auf, die den Zugang zu Universitäten und das Wahlrecht verlangten). Das Motto heißt „Am Anfang war die Frau die Sonne" und spielt auf den shintoistischen Schöpfungsmythos an, in dem die Sonnengöttin Amaterasu die wichtigste Gottheit darstellt.

Später tritt sie in einen Literaturverein ein. Der wird jedoch aufgelöst, nachdem Raicho Hand in Hand mit einem verheirateten Lehrer namens Morita Sohei gesehen wird, mit dem sie eine platonische Liebe verbindet. Ursprünglich planten sie einen gemeinsamen Selbstmord, was sie jedoch nicht in die Tat umsetzten. Mehrere Zeitungen greifen den Vorfall auf, der als Skandal angesehen wird. Raicho wird zum Inbegriff moralischen Fehlverhaltens, während Morita das Erlebnis zum Anlass für einen autobiographischen Roman nimmt, der zum Bestseller wird (Titel: „Smoke", erschienen 1909). Obwohl man Raicho wegen ihres schlechten Rufs aus der Liste der Hochschulabsolventen streicht, findet sie in der Studentenschaft viel Zustimmung.

Raicho gründet **1920 die „Neue Frauenrechtsvereinigung",** die die Arbeitsbedingungen von Industriearbeiterinnen thematisiert. Die Aktivitäten des Vereins haben großen Einfluss darauf, dass Frauen sich ab ca. 1922 politisch engagieren und Organisationen beitreten dürfen, was ihnen vorher verboten war.

Raicho lebt jahrelang mit einem jüngeren Freund zusammen und hat zwei Kinder mit ihm, bevor sie ihn 1941 heiratet. Sie engagiert sich im Laufe ihres Lebens stark in der Frauen- und der Friedensbewegung und ist **1963 Mitgründerin der „Neuen japanischen Frauenvereinigung".**

Atmosphäre der 20er Jahre

In den 20er Jahren entsteht in Japan eine Atmosphäre, die an die gleiche Zeit in Deutschland erinnert. Der Weltkrieg ist überwunden, man fühlt sich einerseits frei, andererseits sind traumatische Erfahrungen zu verarbeiten. Die Idee des Sozialismus und seine Praxis in Russland ist eine neue Erfahrung, an die vor allem Intellektuelle und Künstler Hoffnungen knüpfen. Man träumt von einer gerechten Gesellschaftsordnung mit Chancen für jedermann. Die Kunst kann sich auf jeder Ebene frei entfalten. Man gibt dem Gefühl von Freude und Lust Raum und ist bestrebt, das Leben zu genießen. Frauen tragen plötzlich kurze Kleider und Bubikopf-Frisuren, trinken und rauchen in der Öffentlichkeit. Es gibt immer mehr Cafés und Kaufhäuser mit reichlich Konsumgütern. Immer mehr Zeitschriften mit innovativen Ideen, neuen Moden und liberalen Ansichten kommen auf den Markt. Kinobesuche werden zur beliebten Freizeitbeschäftigung.

Kulturelle Entwicklung

Durch die neue japanische Kultur geistert der Begriff **„Ero guro nansensu".** Das bedeutet so viel wie grotesker erotischer Unsinn. Es handelt sich um eine Stilrichtung, in der erotische und sexuelle Darstellungen ins Bizarre und Groteske überzeichnet werden. Viele Darstellungen verbinden Sexualität und Gewalt. Die für ihre Ästhetik und künstlerische Perfektion bekannten Holzschnitte zeigen nicht nur Vergewaltigungen, sondern auch sexuell motivierte Kreuzigungen und Enthauptungen. Diese Kultur wird einerseits als dekadent bezeichnet, gilt aber andererseits als Ausdruck der Rebellion gegen jegliche Unterdrückung. Das Zeigen sadistischer Szenen ist allerdings nicht neu. In der Edo- und Meiji-Zeit gab es Vorbilder. Beispielsweise stellte **Tsukioka Yoshitoshi (1839 – 1892),** der heute als ein großer Meister des japanischen Holzschnitts gilt und dessen Lebensgefährtin zeitweise als Prostituierte arbeitete, um beider Lebensunterhalt zu sichern, grausame Tötungen und Folterungen dar. Solche Handlungen wurden auch in manchen Kabuki-Stücken gezeigt.

In der Literatur zeigte **Hirai Taro (1894 – 1965)** unter dem Pseudonym Rampo Edogawa sein Talent mit den ersten japanischen Kriminalromanen. Ein Magazin veröffentlichte seine Geschichten in einer Serie. Als Verehrer von Edgar Allan Poe ließ er unheimliche und skurrile Elemente in seine Werke einfließen. Er erlebte noch die spätere Verfilmung einiger Romane und das Übernehmen seiner Figuren in Zeichentrickfilme (sog. Animes) und Mangas (japanische Comics).

3. Showa-Zeit (1926 – 1989)

Kaiser Hirohito (1901 – 1989)

Kaiser Michinomiya Hirohito übernahm schon in jungen Jahren wichtige Angelegenheiten, weil sein Vater aus gesundheitlichen Gründen, die physischer und psychischer Natur waren, nicht ernst genommen werden konnte. Mit 20 Jahren reiste er als erster Kronprinz Japans ins Ausland. Er besuchte die USA und Westeuropa (Belgien, Frankreich, Italien und die Niederlande). Nach dem Tod seines Vaters wurde Hirohito als ältester Sohn der 125. Tenno und erhielt den Namen **Showa-Tenno** mit der Bedeutung „die Zeit des aufgeklärten Friedens". Bis heute ist er der Monarch, der am längsten regierte.

Zwei Jahre vor seiner Thronbesteigung heiratet er die spätere **Kaiserin Nagako,** mit der er sieben eheliche Kinder bekommt. **Er schaffte das Konkubinat mit den „Damen des Schlafgemachs" ab,** und zwar bevor Nagako mit dem fünften Nachkommen einen Sohn gebar, der die kaiserliche Erbfolge sicherte. Der Kaiser interessierte sich von Jugend an für **Meeresbiologie,** insbesondere für Quallen. Als er 1971 Bonn besucht, tauscht er sich mit Spezialisten aus und gibt Wissen über eine Polypenart preis, das den Deutschen neu ist.

Was seine politischen Positionen während seiner Regentschaft angeht, sind Historiker unterschiedlicher Ansicht. Das betrifft vor allem seine Rolle im Zweiten Weltkrieg. Die einen glauben, dass er alles wusste und billigte, die anderen meinen, dass er gar nicht alles mitbekam, was das Militär tat. Auch ob er den Überblick über die Aktivitäten der Japaner in den besetzten Gebieten hatte, unter denen die Zivilbevölkerung teilweise sehr litt, ist unklar. 1932 konnte Hirohito, wie er im Westen stets genannt wurde, einem **Attentat** entgehen, das ein Aktivist aus Korea mit einer Handgranate auf ihn ausübte.

Politische Situation

Der Regierungsbeginn des Kaisers fiel in eine unruhige Zeit. Obwohl sich Parteien mit verschiedenen Richtungen gebildet hatten, existierte keine echte parlamentarische Demokratie, denn es gab immer noch die beiden Kammern. Das Militär hatte erheblichen Einflussbereich, und es traf nicht nur legale Entscheidungen, sondern maßte sich auch Rechte an, die ihm nicht zustanden. **Bis zum Ende des 2. Weltkriegs gab es Dutzende von politischen Gewalttaten**.

Die **Gründung mehrerer Gewerkschaften** war vollzogen, doch ihr Einflussbereich war begrenzt. Die Zahl der Menschen, die gewerkschaftlich organisiert waren, lag 1930 bei ca. 360.000. Das Einkommen der Arbeiterschaft wuchs stärker als das der Bauern.

Die Bevölkerung war auf ca. 65 Millionen gewachsen. Japan war zu einer starken Macht geworden, aufgrund der Besetzung mehrerer Gebiete hatte es eine **Vormachtstellung in Ostasien** inne.

Wirtschaftliche und militärische Situation

Die verarbeitenden Gewerbe machten ca. 20 % der Volkswirtschaft aus. In der Textilindustrie gab es bereits **Massenproduktion**. Etwa die Hälfte aller Arbeiternehmer war hier beschäftigt, vor allem Frauen (die oft aus nicht mehr profitablen bäuerlichen Kleinstbetrieben kamen). Die **Stahlindustrie** wuchs, während Erz und Kohle importiert wurden. Durch die Beschränkungen, die der Versailler Vertrag auferlegt hatte, sank der Schiffsbau und die Marine hielt sich in Grenzen, doch der Maschinenbau stieg an.

Nach der **Weltwirtschaftskrise im Jahr 1929** subventionierte die Regierung den Schiffsbau und die Eisenbahn sowie einen Teil der Produktionsbetriebe in Chemie, Erdöl, Eisen und Stahl. Der größte Teil der staatlichen Unterstützung floss allerdings in die Landwirtschaft. Es gab Steuern und Zölle als Einnahmequellen und als Steuerungselemente der Wirtschaftsprozesse. Vor allem für Exportgüter ließ die Regierung die Bildung von **Zünften** zu, die staatlicher Kontrolle unterlagen.

Es gab **vier Zaibatsus** (Familienclans mit Eigentum an Firmen), deren Besitz und Einfluss in die Meiji-Zeit zurückreichten und die großen Händlerfamilien entstammten, nämlich **Mitsui, Mitsubishi, Sumitomo und Yasuda.** Sie unterstützten die Regierung mit ihrer Finanzkraft und erhielten im Gegenzug großzügige Verträge, z. B. Staatseigentum zu günstigen Bedingungen. So gewannen sie Besitz, Macht und Einfluss im Banken- und Transportwesen, in Industriebetrieben und in Minen.

Ab Beginn der 30er Jahre war die Regierung in Japan stark vom Militär beherrscht. Der Finanzminister unterstützte die Politik einer Vollbeschäftigung, die er durch Staatsanleihen und Kredite sicherte. Er beschloss, weder Steuern noch Subventionen zu erhöhen, und erreichte wirtschaftliche Stabilität. Der Schiffsbau wurde vorangetrieben, 1937 hatte Japan die drittgrößte Handelsflotte der Welt. Kleinere Firmen gerieten in Existenznöte, größere wuchsen. Große Teile der Staatsfinanzen gingen an Investitionen in Wirtschaftsprozesse innerhalb der Mandschurei und ans Militär. Der Export stieg an. Japan wurde international wettbewerbsfähig, was der Westen erstaunt und erschreckt zur Kenntnis nahm. Neben den Zaibatsus entstanden **neue, große Wirtschaftsbetriebe wie beispielsweise Nissan.**

Mitte der 30er Jahre hatte der Finanzminister **die ökonomische Situation nach der Weltwirtschaftskrise stabilisiert**. Er beendete deshalb einige Maßnahmen, und er kürzte die Mittel für das Militär. Die Militärführer waren damit nicht einverstanden und ließen ihn im Zuge eines Putsches ermorden. Die starke Betonung der Produktion von Waffen und anderen Mitteln für Heer und Marine sowie die ohnehin vorhandene militärische Stärke war ein Faktor, der zur Beteiligung Japans am Zweiten Weltkrieg beitrug.

Mukden-Zwischenfall und Folgen

Im September 1931 kam es zum sog. „Mukden-Zwischenfall". In der südlichen Mandschurei, nördlich der Stadt Mukden (dem heutigen Shen-Yang) in China, explodierte ein Strang von Eisenbahnschienen. Die Eisenbahnlinie war Eigentum Japans. Da es zu dieser Zeit auch chinesische Eisenbahnlinien durch die Mandschurei gab, die teilweise sogar parallel zu den japanischen verliefen, ließ man die Schienen bewachen. Die Explosion richtete wenig an. Trotzdem fielen japanische Truppen auf Befehl von **Itagaki Seishiro**, dem General der japanischen Armee, in Mukden ein. Der Befehlshaber ließ sofort verlauten, China wäre für das Ereignis verantwortlich.

Die chinesische Armee war den Japanern zu dieser Zeit an diesem Ort nicht gewachsen, zumal sie überrascht wurde; die Japaner nahmen Mukden ein. **Die gesamte Aktion war nicht mit der Regierung abgesprochen; mehrere Parlamentarier protestierten. Sie wurden getötet oder eingeschüchtert.** Auch der engagierte Abgeordnete **Inukai Tsuyoshi**, der kurze Zeit später Premierminister wurde, stellte sich gegen das militärische Vorgehen und forderte Verhandlungen mit den Chinesen. Er wurde im Mai 1932 von Offizieren ermordet.

Ab diesem Zeitpunkt wurde das Militär faktisch nicht mehr von der Regierung kontrolliert. Japan nutzte die Eisenbahnlinie, um mandschurische Bodenschätze und Rohstoffe über Korea nach Japan zu transportieren.

Den Mukden-Zwischenfall nahm Japan zum Anlass, in der Mandschurei einen Marionettenstaat namens **Mandschukuo** zu errichten, der unter japanischer Kontrolle stand und mit Präsenz des Militärs aufrechterhalten wurde. Offiziell machte man den letzten Kaiser von China, Puyi, zum Oberhaupt, der schon lange keinen politischen Einfluss mehr hatte. **Der Völkerbund legte Protest gegen dieses Vorgehen ein** und ließ den Vorfall untersuchen, zumal Japan auch noch einige chinesische Gebiete einnahm. Vor der Fertigstellung des Berichts hatte Japan aber schon Fakten geschaffen - und **trat 1933 aus dem Völkerbund aus.**

Kaiser Hirohito ergriff keine Gegenmaßnahmen gegen das Vorgehen des Militärs und favorisierte den Sprachgebrauch „Zwischenfall" anstelle von „kriegerischen Handlungen". Dadurch entfielen für chinesische Gefangene die völkerrechtlichen Vorschriften der Behandlung von Kriegsgefangenen, und sie waren der Willkür ausgeliefert. Die schlechte Behandlung der Gefangenen sollte sich als Vorbote brutaler Maßnahmen wie die spätere **Verwendung von chemischen und biologischen Waffen** entpuppen, die Japan im Krieg gegen China einsetzte, darunter Giftgas.

Im Nachhinein stellte man fest, dass **Leutnant Amakasu**, der nach dem Erdbeben 1923 wegen der Ermordung eines Regimekritikers nur drei Jahre in Haft gewesen war, zu den Planern des Mukden-Zwischenfalls zählte. Daher geht man davon aus, dass das Ereignis von langer Hand vorbereitet war, initiiert von Japan und nicht von China.

Einheit 731

Im Marionettenstaat Mandschukuo und später in einem Gefängnis im besetzten chinesischen Pingfang betrieb der japanische Leutnant und Mediziner **Ishii Shirō von 1932 bis zum Kriegsende 1945 die berüchtigte „Einheit 731".**

Hier fanden Menschenversuche an Kriegsgefangenen wie auch an Zivilisten aus China und Korea statt, die man willkürlich auswählte und von der Straße weg entführte. Mit grausamen Methoden studierte man biologische und chemische sowie explodierende Waffen an Menschen. Beispielsweise infizierte man sie mit Cholera und Beulenpest, setzte sie Frost aus und warf Granaten auf sie. Dann studierte man die Folgen und den Sterbeprozess. Schwangere wurden mit Krankheiten angesteckt, um die Auswirkungen auf den Säugling zu beobachten. Ishii Shiro wollte erreichen, wie er sinngemäß sagte, dass mit den Ergebnissen seiner Menschenexperimente „nichtsahnende Chinesen in Scharen von der Straße gefegt werden konnten wie Ratten". Nach Zeugenaussagen wussten der Kaiser und mindestens einer seiner Brüder von den geheim gehaltenen Experimenten. Ob Hirohito das Ganze anordnete oder nur duldete, ist umstritten.

Putschversuch

Ablauf

Zu den gravierendsten politischen Attentaten gehört der **Putschversuch** einiger Offiziere, die mehrere Sympathisanten in der japanischen Armee hatten. Im **Februar 1936** stürmten sie das Parlament und das Ministerium der Armee sowie den Hauptsitz der Polizei in Tokio. Sie versuchten, den erfahrenen **Premierminister Okada Keisuke**, einen Marine-Admiral, zu ermorden, was misslang. Ebenso schlug der Tötungsversuch von **Saionji Kimmochi** fehl, der als der letzte Genro (Regierungsberater) fungierte und die Politik in eine weniger nationalistische und kriegerische Richtung lenken wollte.

Die Angreifer forderten ein noch militanteres Auftreten in den von Japan besetzten Gebieten. Sie behaupteten, im Sinne und sogar Auftrag des Kaisers zu handeln. Hirohito bezeichnete sie jedoch umgehend als **Rebellen** und verurteilte ihre Taten, die vor allem aus Morden und Verletzungen an Regierungsbeamten und hochrangigen Militärs bestanden. Er rief für die Dauer des Aufstands das Kriegsrecht aus. Als es nicht innerhalb von Stunden Erfolge gab, sagte er, er werde die Aufständischen mit eigener Hand bezwingen. **Der Putsch war nach drei Tagen niedergeschlagen.**

Alle Beteiligten wurden zum Tode verurteilt und hingerichtet, sofern sie nicht Harakiri begingen.

Chichibu Yasuhito

Historiker streiten darüber, inwiefern Prinz **Chichibu Yasuhito**, ein Bruder des Kaisers, Verbündeter der Putschisten war. Ohne Zweifel hatte er Verbindung zu ihnen, doch ob er aktiv an den Vorbereitungen beteiligt war, ist unklar. Mit seiner politischen Gesinnung strebte er schon lange eine Diktatur des Militärs an, an deren Spitze jedoch der Kaiser stehen sollte. Er war im guten Glauben, dass der Putsch die Machtposition des Kaisers festigte. Im Jahr 1937 sandte man ihn vorsorglich auf eine Europa-Rundreise, bis Gras über die Angelegenheit gewachsen war. Während seines Deutschlandbesuchs führte er auch ein Gespräch mit Adolf Hitler, um die Beziehungen zwischen den Ländern zu verbessern. Dies war ein Meilenstein auf dem Weg zum Bündnis mit Deutschland während des Zweiten Weltkriegs.

Folgen

Das Vertrauen der Zivilbevölkerung in die Politik sank nach dem Putsch erheblich, zumal der Premierminister zurücktreten musste. Die Stimmung in den Regierungsreihen wurde, befeuert vom Militär, immer **nationalistischer**. Nach Verlassen des Völkerbundes verfolgte Japan eine aggressive Außenpolitik. Ziel war, die Macht in Ostasien zu festigen und zu erweitern. Dazu zählten Teile Chinas, wenngleich es nicht die Absicht gab, das gesamte chinesische Reich unter Kontrolle zu bringen.

Zweiter chinesisch-japanischer Krieg (1937 – 1945)

Beginn

Der Zweite chinesisch-japanische Krieg war der größte Krieg, den es in Asien im 20. Jahrhundert gab. Er wird ab 1941 **Pazifikkrieg** genannt, weil er in Ostasien stattfand, und zwar als Teil des Zweiten Weltkriegs.

Der Krieg begann mit dem sog. **„Zwischenfall an der Marco-Polo-Brücke" (bei Peking) Anfang Juli 1937**. Einige japanische Soldaten feuerten auf chinesische Truppenteile auf der anderen Seite der Brücke. Zunächst vereinbarte man recht schnell einen Waffenstillstand, doch beide Staaten verstärkten ihre Armeepräsenz.

Ende Juli 1937 marschiert Japan plötzlich in das Gebiet ein und erobert in einem **Blitzkrieg** die östliche Küstenregion. Die Chinesen haben den Panzern und der modernen Militärtechnik, die Japan in den letzten Jahren aufgebaut und industriell produziert hatte, kaum etwas entgegenzusetzen.

Ca. 500.000 japanische Soldaten bewegen sich auf Shanghai und weitere größere Städte zu. Gebiete, die von der Armee schlecht zu erreichen sind, werden aus der Luft bombardiert. Shanghai wird trotz heftiger Gegenwehr erobert, weil die Japaner die chinesische Flotte aus der Luft attackieren. Wegen eigener schwerer Verluste und daraus folgender fehlender Moral in der Truppe will der japanische Generalstab den Angriff zunächst stoppen. Doch die Entscheidung wird revidiert, der Befehl lautet am **1. Dezember 1937**, Nanking einzunehmen.

Massaker von Nanking

Der führende Politiker Chinas, **Chiang Kai-shek**, erkennt, dass Nanking, zu der Zeit die Hauptstadt, militärisch nicht zu retten ist. Er verfolgt nun die Strategie, die Japaner tiefer ins Landesinnere zu locken, um sie im weitläufigen Hinterland mit vereinzelten Kampfhandlungen zu zermürben. Deshalb will er die Armee nicht für eine so gut wie verlorene Stadt opfern. Tatsächlich gibt es in den folgenden Jahren einzelne Schlachten, in denen die Japaner bezwungen werden.

Nanking wird im Stich gelassen. Chiang Kai-shek zieht sich mit seinen Beratern nach Wuhan zurück. **General**

Tang Shengzhi soll die Stadt mit einem kleinen Teil der Armee und Tausenden von kaum ausgebildeten, mehr oder weniger freiwilligen Soldaten verteidigen. Als zivile Unterstützung steht ein internationales Komitee unter der Leitung des **Deutschen John Rabe** bereit. Der General informiert ausländische Journalisten, dass Nanking sich auf keinen Fall ergeben wird. Er verhindert Fluchtbewegungen der Einwohner, indem er den Hafen bewachen und Straßen blockieren lässt. Es gelingt trotzdem vielen chinesischen Armeeangehörigen, die die Katastrophe kommen sehen, vor den Japanern zu fliehen. Dadurch hat die Verteidigung der Stadt noch weniger Chancen.

Die Japaner überrennen Nanking, das innerhalb einiger Wochen fällt. Nun beginnt eine **Serie von Grausamkeiten an Zivilisten und Kriegsgefangenen.** Die Zahl der Toten schätzt man auf 300.000. Helfer und Journalisten, die im Land bleiben, werden zu Augenzeugen. Sie berichten, noch nie solche Brutalität gesehen zu haben. Soldaten gehen von Tür zu Tür und nehmen Mädchen und Frauen gefangen, die massenhaft vergewaltigt und meistens getötet werden. Täglich sind es Hunderte, auch Kleinkinder und alte Menschen.

Die japanischen Soldaten scheinen keinerlei Kontrolle zu unterliegen. Jeder Einzelne handelt nach Belieben. Sie stehlen, legen Brände und morden willkürlich. Weder vor Schulen noch vor Flüchtlingslagern machen sie halt. Ein Arzt berichtet von dem Geschehen in einer einzigen Nacht, in der einige Soldaten in das Haus eines Universitätsangestellten einbrachen, zwei weibliche Verwandte vergewaltigten, die beiden jugendlichen Töchter in ein Lager verschleppten und massenhaft brutal vergewaltigten, bis sie starben, während andere in ein Internat einbrachen, die Bewohner vergewaltigten und dann Essen und Kleidung mitnahmen. Das **„Massaker von Nanking",** wie es historisch bezeichnet wird, gehört zu den schlimmsten Kriegsverbrechen der Geschichte. Das Ereignis trübt bis heute die Beziehungen zwischen Japan und China.

John Rabe gelingt es, eine Schutzzone einzurichten, mit der er Tausenden Menschen das Leben rettet. Er ist Mitglied der faschistischen Partei NSDAP, aber er will den unschuldigen Chinesen helfen. Mit einer Hakenkreuzflagge, die auf die Japaner furchteinflößend wirkt, hält er die Soldaten vom Betreten der Zone ab. (Basierend auf seinen veröffentlichten Kriegstagebüchern entstand ein Film mit dem Titel „John Rabe", der 2009 in Berlin uraufgeführt wurde.) Nanking blieb bis 1945 in den Händen der Japaner. Im Laufe der Jahre gelang es vielen Bewohnern, ins Landesinnere zu fliehen.

Zweiter Weltkrieg

Bündnis mit Faschisten

Das erstarkte Japan erinnert sich noch gut an die Zeiten, als seine selbstgewählte Isolation vom Westen aufgebrochen wurde und man Japan ungleiche Handelsbedingungen aufzwang, ganz abgesehen von Überlegungen, es sich als westliche Kolonie einzuverleiben. Nun will es seine Machtstellung nicht mehr verlieren. 1940 entscheidet Japan sich zum **Bündnis mit den faschistisch regierten Ländern Deutschland und Italien,** das ihm eine Vormachtstellung in Ostasien einräumt. 1941 tritt es mit großer Wucht in den Zweiten Weltkrieg ein und beweist damit seinen imperialen Machtanspruch in der Welt.

Überfall von Pearl Habour und weitere Eroberungen

Japan überfällt am 7. Dezember 1941 Pearl Habour. Die völlig unvorbereitete amerikanische Flotte auf der pazifischen Insel wird schwer getroffen, die meisten Kriegsschiffe werden versenkt. Es folgen weitere **blitzkriegartige Attacken**. Japan zerstört **Flughäfen der USA und Großbritanniens** auf den **Philippinen**, auf den **Marianen** (und zwar in Guam, das durch den Krieg und seine Folgen den größten Teil seines einheimischen Vogelbestandes und viele landwirtschaftliche Flächen verliert), in **Hongkong** und **Singapur**. Die Luftangriffe werden durch Seeschlachten und Invasionen der japanischen Armee ergänzt, **Bangkok** wird als Nächstes eingenommen. Der malaysische Bundesstaat **Sarawak** und **Brunei** sind bald in japanischer Hand, es folgen weitere Inseln, darunter die indonesische Insel **Bali**. Die **Niederländer** verlieren die Insel **Amboina**, auf der sie wertvolle Gewürznelken anbauen, und **Java** an Japan. Im Mai 1942 geht der Eroberungszug mit **Birma** weiter (dem heutigen Myanmar). Damit ist ein wichtiger Handelsweg der Chinesen für Waren aus dem Westen blockiert. China hat die schlimmsten Befürchtungen vor weiteren japanischen Kriegshandlungen, Indien fühlt sich mittlerweile bedroht.

Japan strebt als nächstes Ziel eine verbliebene wichtige Basis der US-Streitkräfte auf den **Midwayinseln** (ein Korallenriff im Nord-Pazifik) an. Um die Aufmerksamkeit und die Präsenz der Amerikaner auf einen anderen Ort zu lenken und amerikanische Ängste vor weiteren japanischen Eroberungen an der Küste zu schüren, entfachen die Japaner im **Juni 1942** einen Kampf auf zwei Inseln Alaskas (den **Aleuten**). Tatsächlich benötigen die US-Streitkräfte Monate für die Zurück-Eroberung.

Die Japaner dachten nicht daran, dass etwas schiefgehen könnte. Der Oberbefehlshaber **Isoroku Yamamoto** kannte die konkurrenzlose Stärke seiner Marine und ließ seine Entschlossenheit verlauten, in kriegerischen Handlungen rücksichtslos „wild um sich zu schlagen". Das Einzige, was er befürchtete, war eine lange Kriegsdauer, in der die Feinde ihr militärisches Potenzial ausbauen könnten. Deshalb ließ er einen Schlag auf den anderen folgen. Die Japaner verteilten ihre große, gut ausgerüstete Flotte jedoch auf mehrere Stützpunkte, und sie trafen keine hinreichenden Abwehrmaßnahmen. Deshalb entging ihnen, **dass die USA ihren Geheimcode für die Kriegsschiffe geknackt hatten.**

Schlacht von Midway 4. – 7. Juni 1942

Parallel zum Aleuten-Einsatz greifen die Japaner am Morgen des **4. Juni 1942** den amerikanischen Midway-Stützpunkt an. Ihr Kommandeur **Nagumo Chuichi** motiviert seine Soldaten mit dem Hinweis, dass der Feind völlig ahnungslos sei. Geplant ist, das auf Midway stationierte Flugzeug-Geschwader zu zerstören.

Doch als die japanischen Kriegsschiffe mit ihren Flugzugträgern und Bombern eintreffen, haben die US-Piloten schon abgehoben, da sie ja den Angriffsplan kannten. Nagumo muss die Attacke neu planen, was seine Kriegstaktik durcheinanderbringt. Nun entdeckt er auch noch eine schlagkräftige US-Flotte wenige See-meilen von Midway entfernt. Er muss sich kurzfristig entscheiden, ob er jetzt unmittelbar angreift oder zu-erst das Freimachen seiner Flugzeugträger für die Bomber, die vom erfolglosen Landen auf Midway zu-rückkehren, befiehlt. Außerdem muss er seine Waffen-systeme, die von Torpedos auf Bomben umgerüstet waren, angesichts des ungeplanten Auftauchens der US-Schiffe wieder auf Torpedos zurückstellen. All das kostet Zeit.

Er trifft er die falsche Entscheidung und lässt als Erstes umrüsten. In diesem Moment greifen die Amerikaner aus der Luft an. Doch nun treffen japanische Abfangjä-ger ein, die viele feindliche Flugzeuge abschießen. Aber die Amerikaner setzen ihnen eine neu entwickelte Waffe entgegen, die **Sturzkampfbomber**. Aufgrund ihrer enormen Treffsicherheit zerstören sie den größten Teil der japanischen Flugzeugträger.

Nach drei Tagen ist die Schlacht entschieden. Für Ja-pan, den eindeutigen Verlierer mit harten Verlusten, verkündet die Regierung der Bevölkerung, man hätte nicht gewonnen, aber auch nicht verloren. Die Schuld schiebt man Kommandeur Nagumo zu, der in den ent-scheidenden Minuten seinen Oberbefehlshaber Isoroku Yamamoto wegen mangelnder Funkverbindung gar nicht erreichen konnte und auf sich selbst gestellt war.

Die Japaner, die zum größten Teil den Eroberungsfeldzug ihrer Regierung unterstützten, stempelten ihn zum Looser.

Kapitulation

Ab Juni 1942 hielten die Amerikaner den japanischen Kriegszug erfolgreich auf. Sie eroberten die **pazifischen Inseln** zurück, wobei es auf beiden Seiten viele Verluste gab. In der **Schlacht um Leyte von Mitte Oktober bis Dezember 1944** wurden die Japaner endgültig mit verheerenden Verlusten geschlagen. In ihrer Verzweiflung starteten sie Selbstmordangriffe, die **Kamikaze** genannt werden und bei denen ein Pilot mit Sprengstoff an Bord sein Flugzeug in feindliche Kriegsschiffe stürzt.

Am **24. Dezember 1944 verkündete der hochdekorierte General Douglas MacArthur (1880 - 1964)**, der bereits im 1. Weltkrieg erfolgreich für Amerika gekämpft hatte, **den vollständigen Zusammenbruch der japanischen Streitkräfte.**

Die US-Armee kämpfte weiter gegen Japan, das nicht aufgab, und vernichtete wichtige Stützpunkte im Pazifik. In der **Schlacht um die Insel Iwojima (19. Februar bis 26. März 1945),** bei der die US-Streitkräfte erstmals **Napalm** einsetzten, erlitten beide Seiten große Verluste; ebenso in der **Schlacht um Okinawa**

(1. April bis 30. Juni 1945), bei der die Japaner zahlreiche Kamikaze-Piloten einsetzten, aus der aber die USA siegreich hervorgingen.

Im **März 1945** wurde Napalm in einer bevölkerungsreichen Region Tokios eingesetzt, wobei Zehntausende Bewohner starben und Hundertausende ihre Wohnungen verloren. Trotzdem ergab Japan sich nicht. Im **Juli 1945** legten der **amerikanische Präsident Harry S. Truman** und der **britische Premierminister Winston Churchill** Japan eine **Aufforderung zur Kapitulation** vor, die vom chinesischen Präsidenten Chiang Kai-shek unterstützt wurde. **Kaiser Hirohito drängte darauf, sie anzunehmen, konnte sich aber nicht gegen seine Militärs durchsetzen.**

Truman gibt aufgrund der Verweigerung einer Kapitulationserklärung am Morgen des **6. August 1945 den Befehl, (erstmals in der Geschichte) eine Atombombe abzuwerfen**. Die Auswahl fällt auf **Hiroshima**, eine Hafenstadt im südwestlichen Japan. Ca. 80.000 Menschen sind auf der Stelle tot, ca. vier Quadratkilometer der Stadt sofort dem Erdboden gleichgemacht. Tausende sterben später an der Verstrahlung. Das ganze Ausmaß der Katastrophe nimmt man bei der Regierung in Tokio nicht wahr. Die Kapitulation wird weiterhin verweigert.

Am 8. August 1945 erklärt Russland in Gestalt des russischen Diktators Josef Stalin Japan den

Krieg und erobert das besetzte **Mandschukuo** sowie einige Inseln, darunter das südliche Sachalin, das Japan 1905 im Vertrag von Portsmouth von Russland zugesprochen bekommen hatte.

Am 9. August 1945 lässt Truman die zweite Atombombe abwerfen. Dieses Mal traf es die Hafenstadt **Nagasaki**, mit vergleichbaren verheerenden Auswirkungen. (Die Bomben hatten Namen, sie hießen „Fat man" und „Little Boy".)

Am 10. August 1945 kapituliert Japan. Am **14. August** wendet **Kaiser Hirohito** sich an das japanische Volk und teilt mit, dass Japan bedingungslos den alliierten Siegermächten überlassen wird. Er appelliert mit den historischen Worten an seine Untertanen, sie mögen „das Unannehmbare annehmen".

Neue Verfassung

General Douglas MacArthur, der siegreich aus der Schlacht um Leyte hervorgegangen war, war nun Oberbefehlshaber der Alliierten und weiterhin für die Geschehnisse in Japan zuständig. Ihm und seinen Militärs unterstanden die japanische Regierung und der Kaiser. Anfang Januar 1945 bezog er seinen Sitz in der amerikanischen Botschaft in Tokio, gegenüber vom Palast gelegen. MacArthur erwies sich als hervorragender Verwaltungsfachmann und humaner Gestalter einer neuen Gesellschaft. Er leitete Reformen ein, die auf Akzeptanz in der Bevölkerung stießen.

Die Meiji-Verfassung wurde außer Kraft gesetzt. Den japanischen Neuentwurf lehnte MacArthur ab, da er nicht liberal genug war, und legte selbst einen vor, der sich an der amerikanischen Verfassung orientierte. Er wurde von der Bevölkerung bestätigt und vom japanischen Parlament verkündet.

Die neue Verfassung trat am 3. Mai 1947 in Kraft. Als wichtige Punkte in der bis heute gültigen Verfassung wurden u. a. eingebracht:

- Das lebenslange Mitgliedsrecht der Adeligen und derjenigen, die vom Kaiser berufen werden, in der oberen Kammer wird aufgehoben. Die obere Kammer wird **Oberhaus**, die untere Kammer **Unterhaus** genannt. Das Oberhaus ist dem Unterhaus untergeordnet.

- Das Frauenwahlrecht wird eingeführt.

- Von Japan darf kein Krieg mehr ausgehen.

- Die Regierung besteht aus dem Premierminister und seinem Kabinett, das wiederum aus Ministern besteht.

- Der Kaiser kann keine Göttlichkeit beanspruchen. Er übt ein repräsentatives Amt aus und hat keinerlei Einfluss auf die Regierung.

- Die Rechtsprechung liegt bei Gerichten mit dem Obersten Gerichtshof an der Spitze.

Viele konservative Politiker und Beamte waren von der neuen Verfassung als zu liberal und zu wenig am Kaiser orientiert enttäuscht. Trotzdem wurden sie in großer Anzahl wieder in wichtigen Ämtern eingesetzt, da es ansonsten an Fachleuten mangelte. Japan konnte sich in kurzer Zeit mit einem neuen Wertesystem stabilisieren, allerdings unter kollektiver Verdrängung der Kriegshandlungen.

Kaiser Hirohito hatte zu befürchten, dass MacArthur ihn als Kriegsverbrecher behandeln würde, da er bis zuletzt von der Militärregierung informiert worden war. Allerdings kam ihm zugute, dass er die Kapitulation ausgerufen hatte. Der Oberbefehlshaber entschied jedoch gegen eine Abschaffung des Kaiserhauses. Er beließ den Kaiser als **„Symbol für die Einheit des Volkes"** und gestand ihm eine repräsentative Funktion zu. Hirohito wurde verschont.

Neue Regierung

1949 war die neue Regierung Japans vollständig installiert. Premierminister war **Yoshida Shigeru (1878 - 1967)**. MacArthur übergab den größten Teil seiner Machtbefugnisse an den Regierungsapparat. Japan schloss am **8. September 1951** mit 49 Ländern den

Friedensvertrag von San Francisco. Wegen des aufkeimenden Kalten Krieges unterzeichneten allerdings weder China noch Russland. (Mit „Kalter Krieg" bezeichnet man die Konfliktsituation zwischen den westlichen Mächten unter Federführung der USA und den Ostblock-Ländern unter Federführung der damaligen Sowjetunion, in der Zeit von 1947 bis 1989).

Beim Inkrafttreten des Vertrags am 28. April 1952 wurde Japan zum **souveränen Staat**. Es hatte sich vom imperialistischen Staat zu einer **zentralstaatlich organisierten parlamentarischen Monarchie** gewandelt. **Die in Japan jahrhundertelang mitgedachte Verbindung vom Kaiser zu einer wie immer gearteten Göttlichkeit war offiziell gekappt.** Der **Souverän** war von nun an das **Volk**. Die Parteienlandschaft wird im Folgenden zur Normalität und ähnelt vielen demokratisch regierten Ländern des Westens.

Yoshida-Doktrin

MacArthur und Yoshida Shigeru legten die Basis für einen soliden Wiederaufbau der Wirtschaft, insbesondere der darniederliegenden Industriekomplexe. Die USA entwickelten sich zum Partner Japans, 1960 schlossen die beiden Länder den „**Vertrag über gegenseitige Zusammenarbeit und Sicherheit"**. Der Premierminister stellte außenpolitische Aktivitäten stark zurück, um die Ökonomie des Landes in Schwung zu bringen.

Er unterstützte, dass die USA zur Schutzmacht wurden, und hielt den Neuaufbau des Militärs in Grenzen. Diese Strategie wurde als **„Yoshida-Doktrin"** bekannt. Im **Koreakrieg** (1950 bis 1953) zwischen Nord- und Südkorea unterstützte Japan die auf der Seite Südkoreas kämpfende US-Armee, die im Übrigen wiederum von MacArthur befehligt wurde.

Zeit von 1952 bis 1989

Wirtschaftlicher Wiederaufbau

Japan hatte im Krieg einen großen Teil seiner Industrieanlagen und damit ökonomische Grundlagen verloren. Nachdem die Souveränität hergestellt war, nahmen die USA und weitere westliche Länder Beziehungen zu Japan auf und unterstützten die wirtschaftliche Entwicklung, insbesondere eine ganze Reihe von Technologien. Mehrere Fabrikanlagen waren nicht nur teilweise zerstört, sondern auch für die Produktion nichtmilitärischer Produkte unbrauchbar. Der Aufbau schritt erstaunlich schnell voran. **Wieder profitierte Japan von seiner speziellen Fähigkeit, Kenntnisse aus dem Ausland zu übernehmen, vieles an die eigenen Systeme anzupassen, das nötige Neue selbst zu entwickeln und auf Bewährtes aus der eigenen**

Vergangenheit zurückzugreifen. Die japanische Erfindung der Massenproduktion war die perfekte Ergänzung für den Wirtschaftsaufschwung.

Die Zaibatsus wurden weitgehend aufgelöst. Das hatte größere Entwicklungsmöglichkeiten und mehr Flexibilität für Betriebe zur Folge. Man entfernte das familieneigene Managementsystem und ersetzte es durch echte Fachleute. Die Wettbewerbsfähigkeit der Firmen stieg im In- und Ausland. Produktivität und Export stiegen mit. Auf die Yoshida-Doktrin vertrauend, investierte man in den zivilen wirtschaftlichen Aufbau und nicht ins Militär.

Die Regierung förderte diese Grundhaltung konsequent. **Premierminister Ikeda Hayato (1899 – 1965)** forcierte den Aufschwung in den Jahren 1960 bis 1964 mit seinem „**Einkommensverdopplungsplan**". Er brachte das Wachstum der Volkswirtschaft durch immense Investitionen in öffentliche und private Betriebe in Gang. Der Premierminister gründete das „Ministerium für Internationalen Handel und Industrie" (kurz MITI genannt), das sich um die Kooperation aller Handelspartner einschließlich der Banken kümmerte.

Aufgrund dieser Maßnahmen war die Produktion Anfang der 60er Jahre bereits doppelt so hoch wie Mitte der 50er. Durch gewerkschaftliche Aktivitäten stieg der allgemeine Lebensstandard ebenfalls an. Das MITI sorgte für weiteren Erfolg. Es vergab Finanzhilfen und förderte die privaten Investitionen. Die Stahlindustrie, der Schiffs- und Maschinenbau sowie die chemische Industrie verzeichneten ein enormes Wachstum. Japan erhöhte seine Wirtschaftskraft noch, indem es seine Verkaufs-Highlights im Inland und billigere Produkte im Ausland herstellte.

Auch die **Ölkrise im Jahr 1973** überstand Japan nach kurzer Rezession (d. h. Rückgang der wirtschaftlichen Entwicklung) gut, weil die Regierung Übersicht und Kontrolle über die Wirtschaftsprozesse behielt. **Ende der 70er Jahre war Japan zu einem weltweiten Handelspartner geworden.** Beispielsweise exportierte es eine enorme Anzahl an Autos und Elektronik. Durch die grandiose Art und Weise, ausländisches Knowhow in die eigene Wirtschaftsweise einfließen zu lassen, und durch verantwortliches politisches Handeln in einer demokratischen Regierungsform war Japan im Jahr **1980 zum weltweit zweitgrößten ökonomischen Faktor nach den USA** geworden und hatte Europa überholt. Zum zweiten Mal hatte der Inselstaat ein Wirtschaftswunder bewirkt.

In den Jahren 1960 bis 1986 wird Japan u. a. durch folgende Erfindungen und Sachverhalte bekannt:

- Automarke Honda

- Hochgeschwindigkeitszug „Shinkansen"

- Kompaktkassetten von TDK

- erste Quarzarmbanduhr von Seiko

- Vertrieb der Automarke Toyoto in den USA

- Gründung der NASD (deutsch: „Nationale Raumfahrtentwicklungsbehörde")

- erste Karaoke-Maschine

- Farb-Kopierer von Canon

- Nintendo-Spielkonsole

- Honda-Accord als erstes Auto mit Navigationssystem

- CD von Sony

- Hitachi produziert den ersten IBM-kompatiblen Großrechner

- Japan gehört zu den größten Halbleiter-Herstellern (z. B. Toshiba)

- Besitz von ca. 115.000 Industrierobotern (USA: ca. 25.000)

- Im Jahr 1975 hat Japan 112 Millionen Einwohner (1965: 98 Millionen)

- Kawabata Yasunari erhält als erster Japaner einen Nobelpreis (in Literatur)

- Japan privatisiert seine größte Telefongesellschaft NTT

Friedensvertrag mit China

Politisch nähern sich Japan und China an. 1972 gibt es ein Treffen zwischen dem japanischen Premierminister **Tanaka Kakuei** und dem chinesischen Ministerpräsident **Zhou Enlai**, und 1978 unterzeichnen beide Staaten einen **Friedensvertrag**. Drei Jahre vorher gründete Japan zusammen mit den USA, Deutschland, Frankreich, Großbritannien und Italien die „**G6**" **(Gruppe der 6 großen Wirtschaftsmächte)**.

Kunst und Literatur

In der Kunst zeigt sich ab den 60er Jahren erneut eine Tendenz zu brutalen sexuellen Szenen, die in der Tradition des Ero guro der 20er Jahre stehen. Hier kommt zum Ausdruck, dass Japan das grausame Kriegsgeschehen nicht verarbeitet hat, was sich nun in Bildern Bahn bricht. Fesselungen, Folter und Kreuzigungen werden gezeigt, oft vermischt mit sexuellem Sadismus.

Der Künstler **Takato Yamamoto (geb. 1960)** stellt grausame Szenen in ästhetisch formvollendeten Bildern dar, oft mit männlichen und weiblichen Jugendlichen, die eigentümlich regungslose Gesichter zeigen. Ein zweites Beispiel ist **Suehiro Maruo (geb. 1956)**, der Sexualität und Gewalt in traumatisch wirkenden Szenen verbindet. Seine Mangas (Comics) sind technisch perfekt und übertünchen mit schöner Farbkom-

position die brutalen Darbietungen von Vergewalti-
gung, Abtreibung, Mord und Inzest. Monster und Miss-
geburten sind ebenfalls häufig vertreten.

Die **Romanfigur „Heidi"** der Schweizer Schriftstelle-
rin **Johanna Spyri**, die schon in den 20er Jahren Eingang in die japanische Literatur fand, erfreut sich immer größerer Beliebtheit. Der **Regisseur Isao Taka-
hara (geb. 1935)** macht sie 1974 zur Hauptperson in
einem seiner berühmten Animes (Zeichentrickfilme).
Auch **Rascal, der Waschbär** des amerikanischen
Schriftstellers **Sterling North**, hält in Japan Einzug
und wird Serienheld. Einige japanische Familien impor-
tieren aus Begeisterung sogar Waschbären aus Nord-
amerika.

Mit den **„Shojo-Mangas"** kommen Mangas speziell für
Mädchen auf den Markt, mit Inhalten von Liebesaben-
teuern bis zu Heldinnentaten.

International berühmt wurde die japanische Science-
Fiction-Anime-Serie **„Neon Genesis Evangelion"** von
1995. Sie handelt von der Vernichtung der Antarktis,
was zu einer dramatischen Klimaveränderung, weltweiten Fluchtbewegungen und extremen sozialen und
geopolitischen Folgen führt. Die Hauptfigur ist ein
Junge, der versucht, die halbe Menschheit zu retten
(die andere Hälfte ist bereits umgekommen).

VI. Jahrtausendwende - Heisei-Zeit (1989 – 2019)

1. Kaiser Akihito (geb. 1933)

Die Heisei-Zeit beginnt mit der Inthronisierung von Hirohitos ältestem Sohns **Tsugu Akihito im Jahr 1989**. Der Name seiner Epoche heißt auf Deutsch „Frieden überall (im Sinne von im Himmel und auf der Erde)". Wie sein Vater, interessiert sich der 125. Tenno für Meeresbiologie, für die es im Palast ein eigenes Labor gibt. Er verfasst anerkannte wissenschaftliche Abhandlungen.

Akihito bricht mit einigen Traditionen. Als junger Mann heiratet er keine Adelsfrau, sondern die Bürgerliche **Shoda Michiko**, die aus einer reichen Familie stammt (zwei seiner Söhne heiraten später ebenfalls Bürgerliche). Als Vater entscheidet er zusammen mit seiner Frau, die Kinder im eigenen Haus zu erziehen und nicht, wie es jahrhundertelang in der Kaiserfamilie üblich war, in andere Hände zu geben. Als alter Mann teilt er der Bevölkerung mit, dass er wegen seiner eingeschränkten Gesundheit abdanken wird, sodass bereits vor seinem Tod ein neuer Kaiser den **„Chrysanthemen-Thron"** besetzt. So wird der japanische Thron wegen der Chrysanthemen-Blüten des kaiserlichen Siegels genannt.

Akihito und Michiko reisen als **Botschafter des Friedens** durchs In- und Ausland. Der Kaiser legt großen Wert auf den Kontakt zu den Menschen in seinem Land und spricht in Krisenzeiten zu ihnen. Sie nennen ihn bald **„Kaiser des Volks"**. Er betont, dass Japan seine historischen Aggressionen gegen andere Teile Ostasiens reflektieren und daraus lernen soll, und bereist im Geiste der Versöhnung viele Länder, die unter der japanischen Invasion gelitten hatten, darunter China und die Philippinen.

Michiko wird von großen Teilen des Kaiserhofes, der andere Anwärterinnen im Auge hatte, wegen ihrer nicht-standesgemäßen Herkunft abgelehnt, obwohl sie alle Pflichten vorbildlich erfüllt und sogar trotz ihres christlichen Glaubens nach shintoistischem Brauch heiratet. Sie wird depressiv und kann mehrere Monate lang nicht mehr sprechen. Bei der Bevölkerung ist sie jedoch beliebt und wird als innovativ erlebt. Trotzdem muss sie sich dem japanischen Idealbild der Frau beugen.

2. Frauenbild

Von Frauen in Japan erwartet man das Leben nach dem Vorbild einer sog. **„Yamato Nadeshiko" (eine ideale Frau),** wie die Medien sie üblicherweise darstellen. Sie soll gut aussehen und ihr Äußeres vorteilhaft, aber zurückhaltend inszenieren. Schwarze Haare sind Pflicht, Hautbräunung ist tabu. Sie zeigt Disziplin, was das Hinnehmen von Schmerzen jeglicher Art betrifft, die sie sich nicht anmerken lässt. Der Sinn ihres Daseins besteht darin, für ihren Ehemann und ihre Familie alles zu tun und ihre eigenen – z. B. beruflichen – Ambitionen zurückzustellen.

Ihrem Mann hat die ideale Frau in jeder Hinsicht zu Willen zu sein. Sexuelle Wünsche zu zeigen gilt für sie als unangemessen, freizügige Kleidung soll sie vermeiden. Ein Mann, der an der sexuellen Befriedigung seiner Frau interessiert ist, soll den Weg dahin eigeninitiativ entdecken.

Gegen dieses Frauenbild und das Rollenverhalten der Geschlechter rebelliert vor allem die Jugend. Ein Ausdruck davon ist, dass junge Frauen sich ihre schwarzen Haare aufhellen.

3. Wirtschaftlicher Aufschwung

Ende der 80er Jahre war die japanische Wirtschaft auf dem Höhepunkt ihres Aufschwungs. Mehrere kapitalstarke Unternehmen saßen in Japan und waren weltweit wettbewerbsfähig. **Sharp** brachte den ersten LCD-Fernseher auf den Markt, **Fujitsu** stellte die erste Digitalkamera vor und **Mitsubishi** kaufte das amerikanischen Rockefeller-Center. Die Hälfte des internationalen Schiffsbaus war in japanischer Hand. 1989 gründeten Japan, die USA und Australien die **APEC (asiatisch-pazifische Wirtschaftsgemeinschaft),** der sich weitere Länder anschlossen.

4. Verlorene Dekaden

Doch dann kommt ein vehementer Einbruch. 1990 kann der Konzern Matsushita (der später zu Panasonic wird) noch den amerikanischen Entertainment-Riesen MCA kaufen, danach bricht die „Bubble Economy", der Japan sich angeschlossen hatte, zusammen. In dieser Phase bereicherten sich viele Politiker und ließen sich korrumpieren. Es gab Skandale und Rücktritte.

Die **„Bubble-Economy-Wirtschaft"** basiert auf dem Prinzip der Spekulation. Dadurch, dass Anlagen, vor allem auf dem Aktienmarkt, sehr hoch bewertet werden, regt man das Konsumverhalten der Verbraucher an und steigert die Investitionsaktivitäten. Doch bei Platzen der Bubbles (Blasen) droht ein wirtschaftlicher Zusammenbruch.

Es folgt die „verlorene Dekade" der wirtschaftlichen Depression. Allerdings erweist sich auch die erste Dekade des neuen Jahrtausends als wirtschaftlich wenig ergiebig (vor allem wegen des weltweiten **Börsencrashs** sowie des **Zusammenbruchs der US-Banken 2007 - 2008**), und man spricht später von **„zwei verlorenen Dekaden"**. Eine Absatzkrise entsteht, das Preisniveau von Gütern und Dienstleistungen sinkt und das Bruttoinlandsprodukt stagniert. 1992 ist der japanische Aktienmarkt, gemessen am Höchststand, um 55 % gefallen. **Renault** kauft im Jahr 1999 **Nissan** auf.

Die **Sumitomo-Bank** verliert 1996 zweieinhalb Milliarden Dollar aufgrund von ungenehmigten Geschäftsabschlüssen eines Angestellten.

Trotzdem gibt es noch Highlights. **Fujitsu** bringt den ersten Plasma-Display mit voller Farbfunktion heraus und **Toshiba** stellt den ersten DVD-Player vor. Auch die Auto-Industrie kann nicht klagen, z. B. bringt **Toyota** mit dem „Prius" das weltweit erste **Hybrid-Auto** auf den Markt, obwohl die Firma erstmals Verluste macht.

Beispiele für Erfolge nach der Jahrtausendwende sind **der erste Laser-Fernseher von Mitsubishi**, der Pionier unter den wasserstoffbetriebenen Fahrzeugen **„FCX Clarity" von Honda** und die positiven Ergebnisse der weltweit führenden Firmen **Toshiba** (bei PCs) sowie **Toyota** (bei Autos).

Die anhaltende Krise erzeugt politische und soziale Instabilität. **Premierminister Shinzo Abe (geb. 1954)** tritt 2007 nach einem Jahr in der Regierung zurück (er erhält 2012 das Amt erneut und wird dann noch zweimal gewählt). Ein Jahr später tritt auch sein Nachfolger zurück – es gab innerhalb von zwei Jahren vier Premierminister, und die nächsten beiden treten 2010 und 2011 ebenfalls zurück. Ein Minister begeht Selbstmord, weil er in eine Korruption verwickelt ist. Die Selbstmordrate erreicht im ganzen Land ihren Höhepunkt, auch unter den Studenten.

2010 muss Toyota Hundertausende von Fahrzeugen weltweit wegen eines Fehlers zurückrufen, was eine wirtschaftliche Schwächung mit sich bringt.

Ab Mitte der zweiten „verlorenen Dekade" beginnt die Arbeiterschaft, die vorher mit stoischem Durchhaltevermögen ruhig geblieben war, zu protestieren. Die Demonstrationen richten sich **gegen die Bedrohung von Arbeitslosigkeit und unsoziale Arbeitsverträge** (im Niedriglohnsektor oder in Teilzeit), aber auch gegen die Regierung. Begriffe wie „soziale Ungerechtigkeit" werden laut. Die Kommunistische Partei erhält Zuläufe.

Ab 2012 beginnt die Wirtschaft sich zu erholen, wenn auch langsam. Die Wachstumsrate bewegt sich um 1 Prozent. Premierminister Abe verfolgt eine Strategie, mit der er finanzpolitische Maßnahmen zur Ankurbelung der Konjunktur trifft und Strukturreformen durchführt. Die Jahre 2014 bis 2015 bringen noch einmal einen Abschwung, hauptsächlich wegen der **Erhöhung der Mehrwertsteuer von 5 auf 8 %.** Das Ziel eines ausgeglichenen Haushalts im Jahr 2020 muss um 5 Jahre verschoben werden. Premierminister Abe wird auch deshalb wiedergewählt, weil er eine weitere Erhöhung der Mehrwertsteuer aussetzt.

Mitte 2018 schließen Japan und die Europäische Union ein **Wirtschaftsabkommen** ab, das Zollschranken beseitigt, aber auch Passagen für soziale Mindeststandards und Nachhaltigkeitsregularien enthält. Es schafft **die weltweit größte bilaterale (zweiseitige) Freihandelszone**. Im Januar 2019 tritt ein **Handelsabkommen** zwischen den beiden Partnern in Kraft, das nahezu ein Drittel des globalen Bundesinlandsprodukts repräsentiert. Die Arbeitslosenquote sinkt.

In die verlorenen Dekaden fallen die drei erfreulichen Ereignisse

- Olympische Winterspiele (1998 in Nagano)
- Fußball-Weltmeisterschaft (2002 in Japan und Südkorea)
- Weltausstellung Expo 2005 (die vierte in Japan)

Nach den beiden verlorenen Dekaden hat Japan über 127 Millionen Einwohner, darunter 26 Milliardäre. Allerdings stellt die Regierung auch fest, dass die Behörden 230.000 Menschen ab 100 Jahren als lebend geführt hatten, die schon verstorben waren.

5. Kriminalität

Japan hat in der Heisei-Zeit mit Gewalttaten zu kämpfen. Auf dem **US-Stützpunkt in Okinawa** wird 1995 ein 12-jähriges Mädchen brutal vergewaltigt. Es ist nicht die erste Tat dieser Art und erzeugt in der japanischen Öffentlichkeit eine anti-amerikanische Stimmung mit öffentlichen Forderungen nach Schutz für Frauen.

Im gleichen Jahr führt die **religiöse Sekte Aleph**, die Weltuntergangsszenarien verbreitet, einen Anschlag mit geruchlosem Giftgas in einem U-Bahn-Tunnel durch, wobei 13 Menschen zu Tode kommen und mehr als 6000 verletzt werden. Drei Richter sollten getötet werden, die jedoch überleben.

Kurz nach der Jahrtausendwende ersticht ein Vorbestrafter 8 Grundschulkinder und verletzt weitere 15. Er erhält das Todesurteil, das durch Erhängen vollstreckt wird.

Noch mehr Todesopfer sind beim **Messerangriff von Sagamihara im Juli 2016** zu beklagen. Ein Mitarbeiter einer Einrichtung für Menschen mit Behinderung wird im Februar 2016 zwangsweise in eine Klinik eingeliefert, u. a., weil er dem japanischen Parlament die Tötung behinderter Menschen anbietet, „um seinem Land einen Dienst zu erweisen". Nach einigen Wochen

als nicht mehr gefährlich aus der Klinik entlassen, ersticht er im gleichen Sommer 19 Bewohner der Einrichtung und verletzt mindestens zwei Dutzend.

Von 1971 bis 2001 gab es die Terrororganisation **„Japanische Rote Armee"**, die im Jahr 1972 in Tel Aviv
26 Menschen tötete.

6. Aufbau des Militärs

Politisch kommt es zu Spannungen mit China, das bis Mitte der 90er Jahre der größte Handelspartner Japans ist. Beide Länder beanspruchen die Hoheit über die **Senkaku- (chinesisch: Diaoyu-) Inseln** und vor allem über das dazugehörige Meeresgebiet, da man hier reichhaltige Bodenschätze wie Erdöl vermutet.

Mitte der 90er Jahre deklarieren beide die Inseln als ihre **„Ausschließliche Wirtschaftszone"**. Dieser Begriff bedeutet, dass bis zu 200 Seemeilen von der Küste aus alles genutzt werden darf, was im Meer liegt. Im Jahr **2010** werden japanische Küstenwache-Schiffe in dieser Region von einem chinesischen Fischerboot gerammt, nachweislich (mindestens) einmal mit Absicht. Das beeinträchtigt die politische Atmosphäre und hat Auswirkungen auf die Handelsbeziehungen. Die USA sichert Japan für den Ernstfall einer kriegerischen Auseinandersetzung seine Unterstützung gegen China zu.

Japan entwickelt nach diesem Vorfall ein starkes Bedürfnis nach **Verteidigungsmöglichkeiten**, verstärkt durch das kommunistisch regierte Nordkorea, das seit Jahren mit Atomwaffen und Raketen experimentiert. 2006 hatte Japan einschneidende Sanktionen gegen Nordkorea wegen der Atomtests verhängt.

Die Regierung suchte eine Lösung, um den Ausbau des Militärs in der Verfassung zu verankern. Doch darin hatten die Amerikaner auf einer unmissverständlichen Formulierung beharrt. Sinngemäß soll das japanische Volk „in seinem aufrichtigen Bestreben nach einem internationalen Frieden, der auf Gerechtigkeit und Ordnung basiert, **für alle Zeit** auf den Krieg als ein souveränes Recht der Nation verzichten, ebenso auf die Androhung oder Ausübung von Gewalt als Mittel zur Beilegung internationaler Streitigkeiten."

Damit wurde Japan das Recht auf Kriegsführung bis ans Ende der Tage abgesprochen, demzufolge durften auch keine militärischen Streitkräfte für Angriffszwecke unterhalten werden. **Premierminister Abe** stand vor einer schwierigen Aufgabe. Seine Regierung fand im Jahr 2015 nach intensiven Auseinandersetzungen einen Ausweg, in dem sie den entsprechenden Verfassungs-Artikel um das **Recht auf „kollektive Selbstverteidigung"** erweiterte. Seitdem darf Japan offiziell „an der Seite von Verbündeten kämpfen", auch wenn es nicht selbst angegriffen wird. Als es im Jahr 2003 Selbstverteidigungssoldaten zum Wiederaufbau des Iraks infolge des Golfkriegs entsandte, war das noch ohne Genehmigung der Vereinten Nationen geschehen. Heftige Diskussionen aus völlig verschiedenen politischen Motiven zu der Verfassungsmodifikation blieben nicht aus, da Japan nun wieder eine Militärmacht wurde.

2017 schoss Nordkorea eine Mittelstreckenrakete über Japan hinweg in den Pazifik.

7. Dreifache Katastrophe

Japan wurde immer wieder von Erdbeben heimgesucht. Es ist das am meisten gefährdete Industrieland der Welt, weil es am Pazifischen Feuerring (einem Vulkangürtel) liegt und vier Erdplatten aufeinandertreffen (Philippinische, Pazifische, Eurasische und Ochotsk-Platte).

Am **11. März 2011** trat **die größte Erdbebenkatastrophe** der japanischen Geschichte ein. Japanische Wissenschaftler sahen das Erdbeben voraus, unterschätzten aber die Intensität bei weitem. Einige Geologen sprachen dagegen von einem Tsunami verheerenden Ausmaßes infolge eines Erdbebens, vergleichbar dem im Jahr 869 in der gleichen Region (Sendai), doch die Beamten der zuständigen Stelle nahmen sie nicht ernst.

Um 14:46 Uhr bebt die Erde für sechs Minuten. Jahrhunderte lang aufgebaute Spannung zwischen den tektonischen Platten brechen sich Bahn. Das Beben gehört zu den stärksten, die weltweit jemals gemessen wurden. Im 370 km entfernten Tokio können sich viele Menschen retten, weil das Frühwarnsystem funktioniert. Doch insgesamt folgten nur 58 % der Japaner der Weisung, sofort einen hoch gelegenen Ort aufzusuchen. Viele unterschätzten ihr persönliches Risiko. Aufgrund dieser Tatsache starben mehrere hundert Menschen an dem nachfolgenden **Tsunami**.

Nach dem Beben vergeht nicht einmal eine Stunde, bevor der Tsunami auf die Ostküste zurast. Tatsächlich sind die größten Teile der betroffenen Gebiete dieselben wie im Jahr 869 – die Geologen hatten Recht. Darüber hinaus halten auch die meisten Schutzmauern die riesige Wasserwelle nicht auf, die sich in der Stadt **Miyako** bis zu 39 Meter hoch auftürmt. Wer sich in ein dreistöckiges Gebäude geflüchtet hat, ist nicht sicher. Viele Häuser dieser Größe werden von der Naturgewalt mitgerissen.

Damit nicht genug, verursacht der Tsunami das Versagen eines Kühlsystems im **Kernkraftwerk von Fukushima**, es kommt zu einer partiellen Kernschmelze.

Die Riesenwelle breitet sich bis nach Alaska, Hawaii und Chile aus. Auf dem Weg dahin begräbt sie Zehntausende von nistenden Seevögeln auf den Midwayinseln unter sich. An der amerikanischen und kanadischen Pazifikküste entdeckt man geringe Mengen an radioaktiven Chemikalien. In den folgenden Jahren fischt man zahlreiche Dinge aus dem Meer, von Hausrat bis zu Schiffsteilen.

Die Katastrophe hatte **Einfluss auf die Rotationsachse der Erde** und bewirkte, dass ein Tag sich um ca. eine Mikrosekunde verkürzt. Die Pazifische Platte verschob sich um 24 Meter, Japans Kernland (Honshu, die größte Insel) wurde ca. zweieinhalb Meter versetzt.

Der Tsunami setzte Tausende von Tonnen an Chemikalien und Gasen frei, die die Ozonschicht zerstören.

Mit einem **Schaden von ca. 200 Milliarden Euro** war das Erdbeben im (gut versicherten) Japan die am teuersten geschätzte Naturkatastrophe aller Zeiten. Man nimmt eine Anzahl der Toten von ca. 18.000 an. Noch im Jahr 2017 waren ca. 150.000 Menschen evakuiert, ein Drittel von ihnen lebte noch in Notunterkünften.

Zur Zeit der Katastrophe erzeugte Japan seinen Strom zu fast einem Drittel aus Kernkraft. Die gefährdeten Werke wurden danach abgeschaltet. In der Bevölkerung gab es einen Trend zum Ausstieg aus der Atomenergie. Nach politischen Diskussionen mit unterschiedlichen Standpunkten wurden 2015 unter der Regierung Shinzo Abes wieder zwei Atomkraftwerke in Betrieb genommen

VII. Gegenwart - Reiwa-Zeit (ab 1. Mai 2019)

1. Japan heute

Japan ist der viertgrößte Inselstaat der Erde, berechnet nach der Fläche. Die älteste noch bestehende Monarchie der Welt hat sich zum hochentwickelten Industriestaat entwickelt, der in einer parlamentarischen Demokratie regiert wird, mit einem repräsentativen Kaiserhaus als Symbol der Einheit des Staats. Japan ist in den wichtigsten internationalen Organisationen vertreten, so in den Vereinten Nationen, den G20 (Gruppe der zwanzig wichtigsten Industrie- und Schwellenländer) und in der OECD (Organisation für wirtschaftliche Zusammenarbeit und Entwicklung). In Deutschland gibt es seit 1988 den „Verband Japanisch-Deutscher Gesellschaften".

Im Laufe des 21. Jahrhunderts remilitarisiert Japan sich faktisch und verfügt über eine schlagkräftige Armee.

Die Japaner sind heute noch für ihre Höflichkeit und Loyalität bekannt. Sie sind auch fantasievoll und erfinderisch. Das beweisen z. B. ein Schlips, auf dessen In-

nenseite man Utensilien wie die Kreditkarte unterbrin-
gen kann, eine 360-Grad-Kamera für eine Rundum-
Aufnahme, die man auf den Kopf setzt, und nicht zuletzt viereckige Melonen, die man in dieser Form besser
stapeln kann.

2. Kaiser Naruhito

Seit Mai 2019 ist **Naruhito (geb. 1960)** der amtierende Kaiser. Die Ernennung folgte dem Prinzip, den ältesten Sohn zum Nachfolger zu machen. Seine Ära lautet „Reiwa" (Bedeutung: „schöne Harmonie"). Um die Thronbesteigung gebührend würdigen zu können, erhielten die Japaner 10 Tage Urlaub.

1993 heiratet der musikalische Prinz, der sich den Gewässerschutz auf die Fahnen geschrieben hat, die Diplomatin Masako Owada. Das Paar bekommt nach mehreren Ehejahren als erstes Kind eine Tochter. Naruhito bricht mit der kaiserlichen Sitte, den Namen des Kindes aus traditionellen Schriftzügen herzuleiten, und wählt ihn selbst aus. Die Tochter wird „Aiko" genannt. Masako leidet unter dem Druck, einen Sohn zur Welt bringen zu müssen, und hat zeitweise Depressionen. Die Frage nach der Thronfolge für Frauen bespricht man auf höchsten Ebenen und in der Bevölkerung. Als in der Familie von Naruhitos Bruder ein Junge zur Welt kommt, legt sich die öffentliche Diskussion wieder. Die Frage, ob Naruhito noch mit der Tradition brechen wird, dass kaiserliche Töchter den Thron nicht erben dürfen, bleibt spannend.

Rechtliches und Impressum

Das Werk einschließlich aller Inhalte ist urheberrechtlich geschützt. Der Nachdruck oder Reproduktion, gesamt oder auszugsweise, sowie die Einspeicherung, Verarbeitung, Vervielfältigung und Verbreitung mit Hilfe elektronischer Systeme, gesamt oder auszugsweise, ist ohne schriftliche Genehmigung des Autors untersagt. Alle Übersetzungsrechte vorbehalten.

Die Inhalte dieses Buches wurden anhand von anerkannten Quellen recherchiert und mit hoher Sorgfalt geprüft. Der Autor übernimmt dennoch keinerlei Gewähr für die Aktualität, Richtigkeit und Vollständigkeit der bereitgestellten Informationen.

Haftungsansprüche gegen den Autor, welche sich auf Schäden gesundheitlicher, materieller oder ideeler Art beziehen, die durch Nutzung oder Nichtnutzung der dargebotenen Informationen bzw. durch die Nutzung fehlerhafter und unvollständiger Informationen verursacht wurden, sind grundsätzlich ausgeschlossen, sofern seitens des Autors kein nachweislich vorsätzliches oder grob fahrlässiges Verschulden vorliegt. Dieses Buch ist kein Ersatz für medizinische oder professionelle Beratung und Betreuung.

1. Auflage

ISBN: 978-3-98935-504-0

Lucid Page Media (ein Imprint der Orbita Media GmbH)

Ericusspitze 4

20457 Hamburg

Deutschland

kontakt@lucidpagemedia.deCoverfoto: Phattana Stock/shutterstock.com

Formatierung: Isabelle Rausch